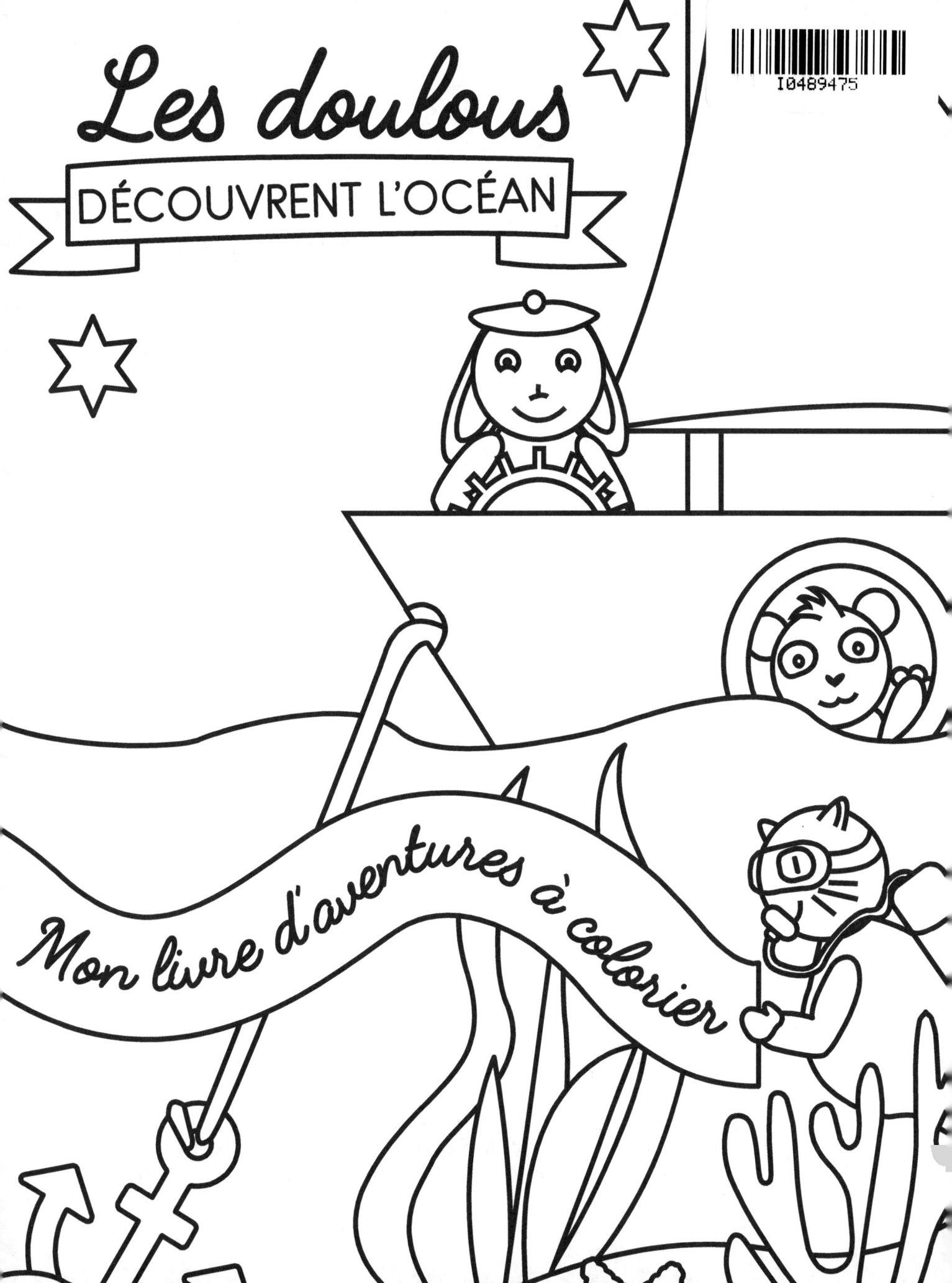

Les doulous

DÉCOUVRENT L'OCÉAN

Mon livre d'aventures à colorier

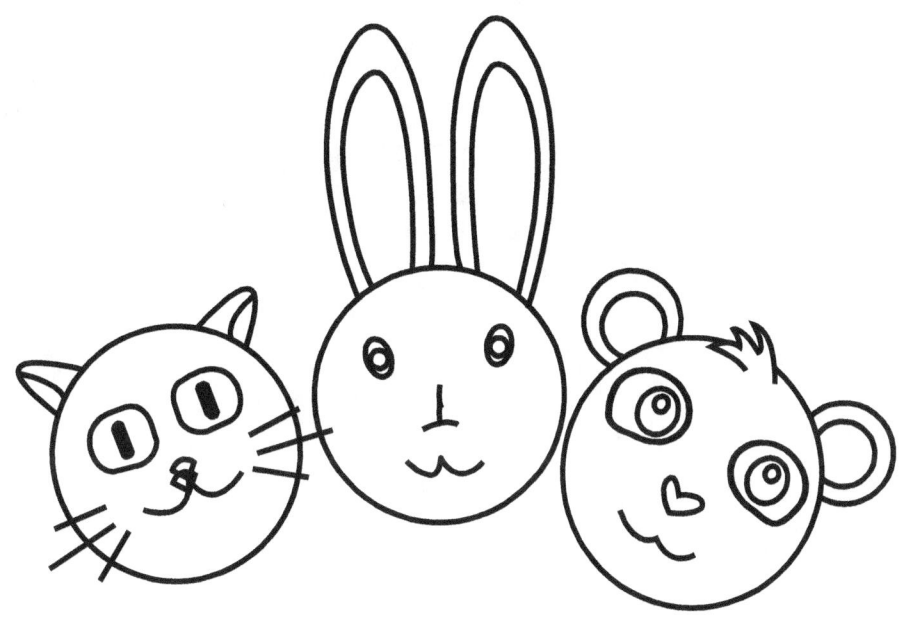

Lapinou, Chapinou et Panpinou sont trois amis inséparables qui adorent les nouvelles aventures.

Pour leur premier grand voyage ensemble, ils ont décidé de partir à la conquête du trésor des Doulous qui se trouve quelque part dans l'océan Atlantique ! Mais comme tu le verras, de nombreuses aventures les attendent sur la route et ils comptent sur toi pour les aider à relever de nouveaux défis !

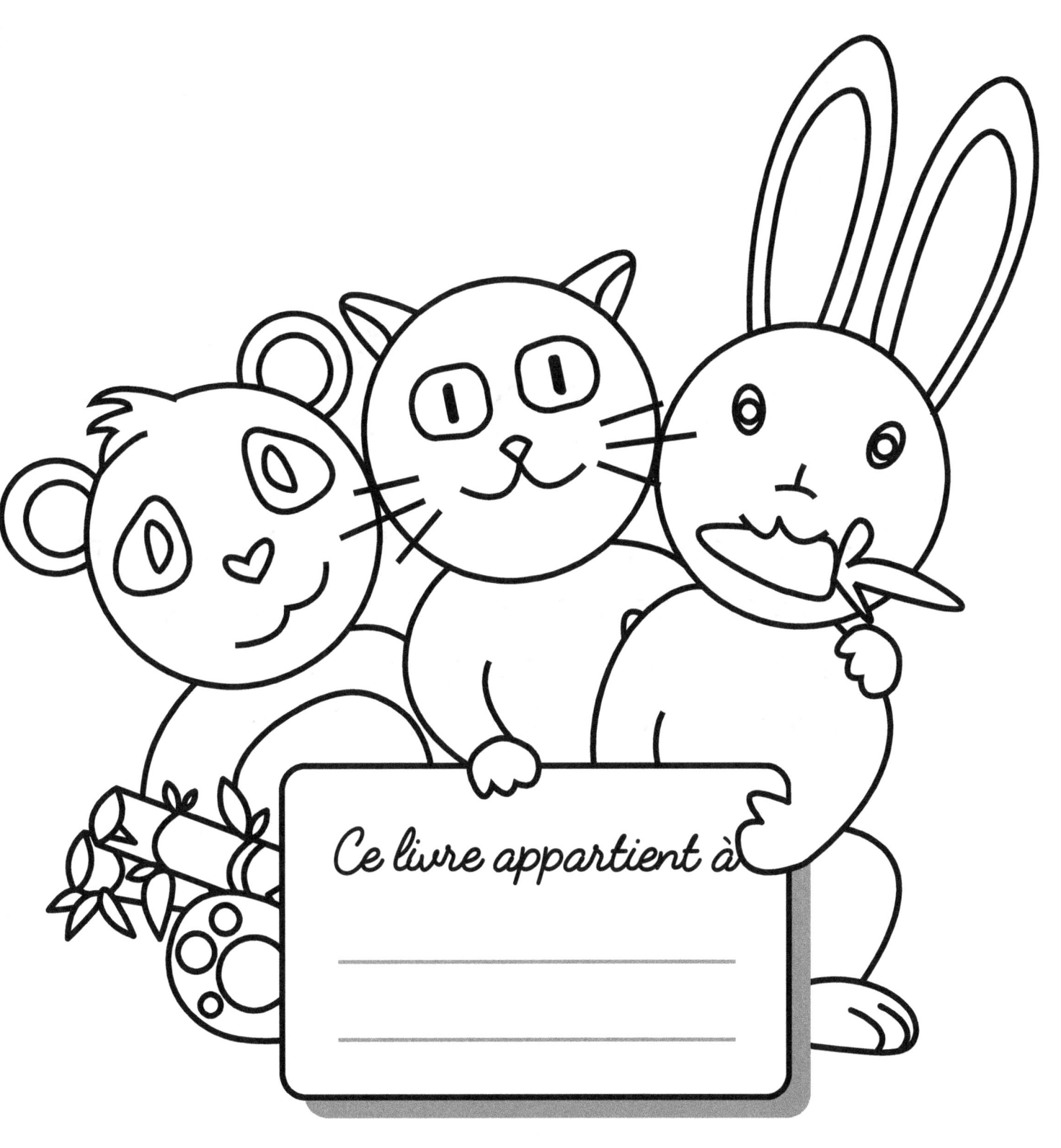

Ce livre appartient à

_____

_____

Lapinou
Capitaine du Bateau

Excellent navigateur, Lapinou est très à l'aise sur son bateau et a un bon sens de l'orientation, par contre il a très peur des serpents et n'aime pas s'aventurer seul sur les îles désertes !

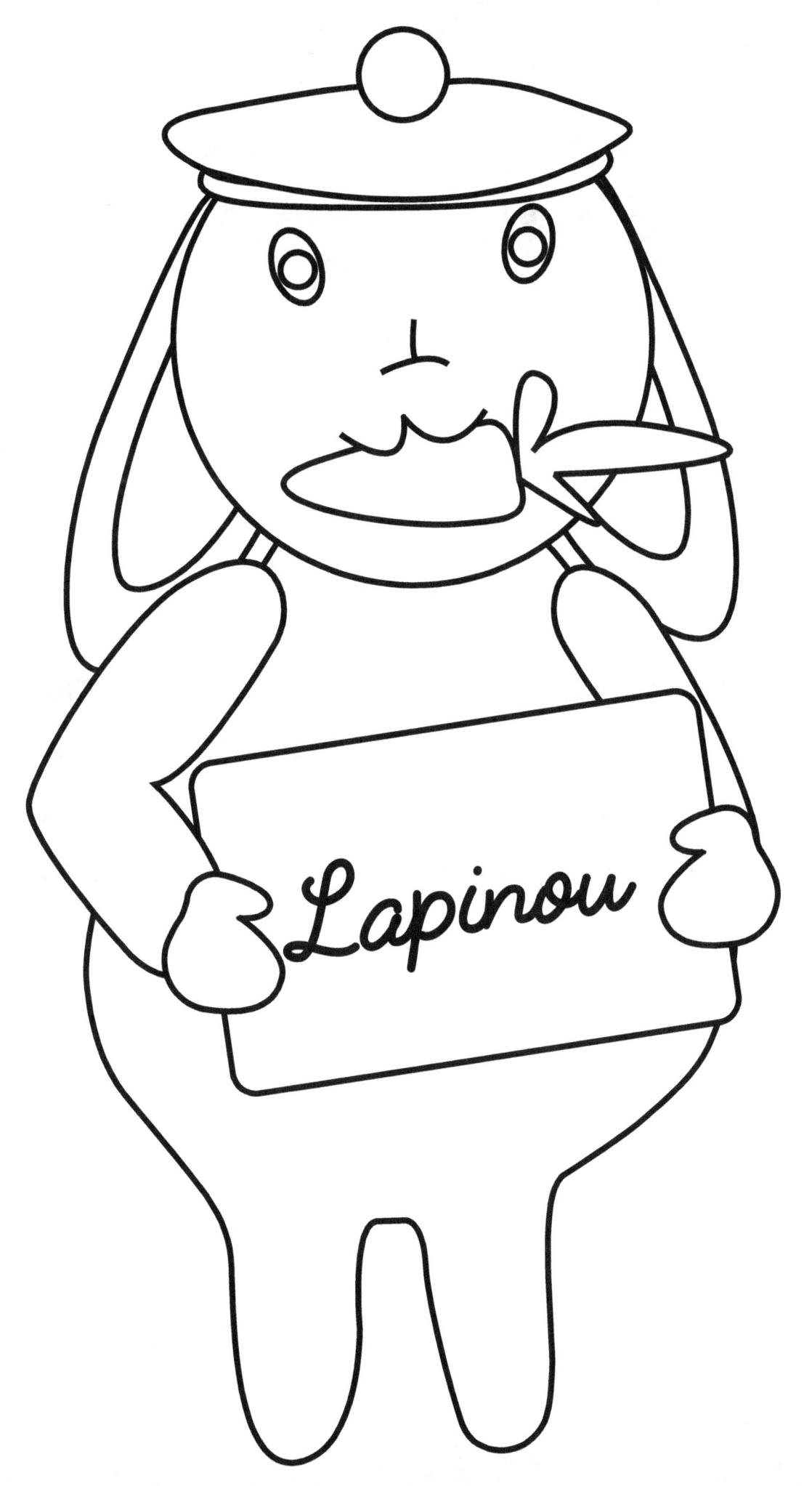

Chapinou
Plongeur

Chapinou est passionné par la plongée et le surf : il adore être dans l'eau et les poissons sont ses meilleurs amis... Ce qui tombe bien car Chapinou est malade sur le bateau, alors dès qu'il le peux, il plonge !

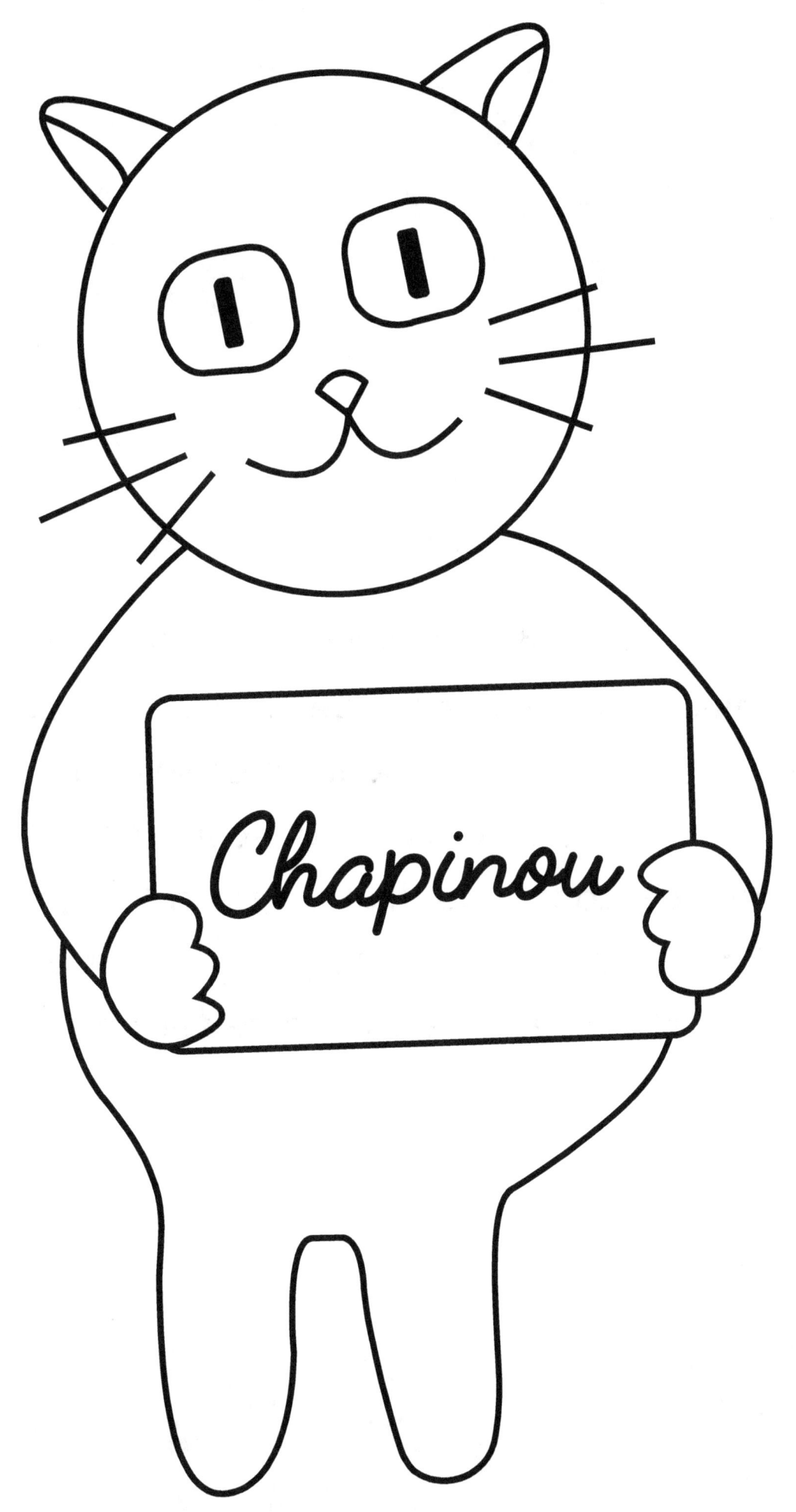

Panpinou
Explorateur

Quand il ne fait pas la sieste sur le bateau, Panpinou aime explorer des îles sauvages et trouver de la nourriture pour lui et ses amis. Vous le verrez, il aime tout particulièrement les noix de coco… Contrairement à Chapinou, Panpinou ne se baigne pas souvent et préfère rester sur la terre ferme !

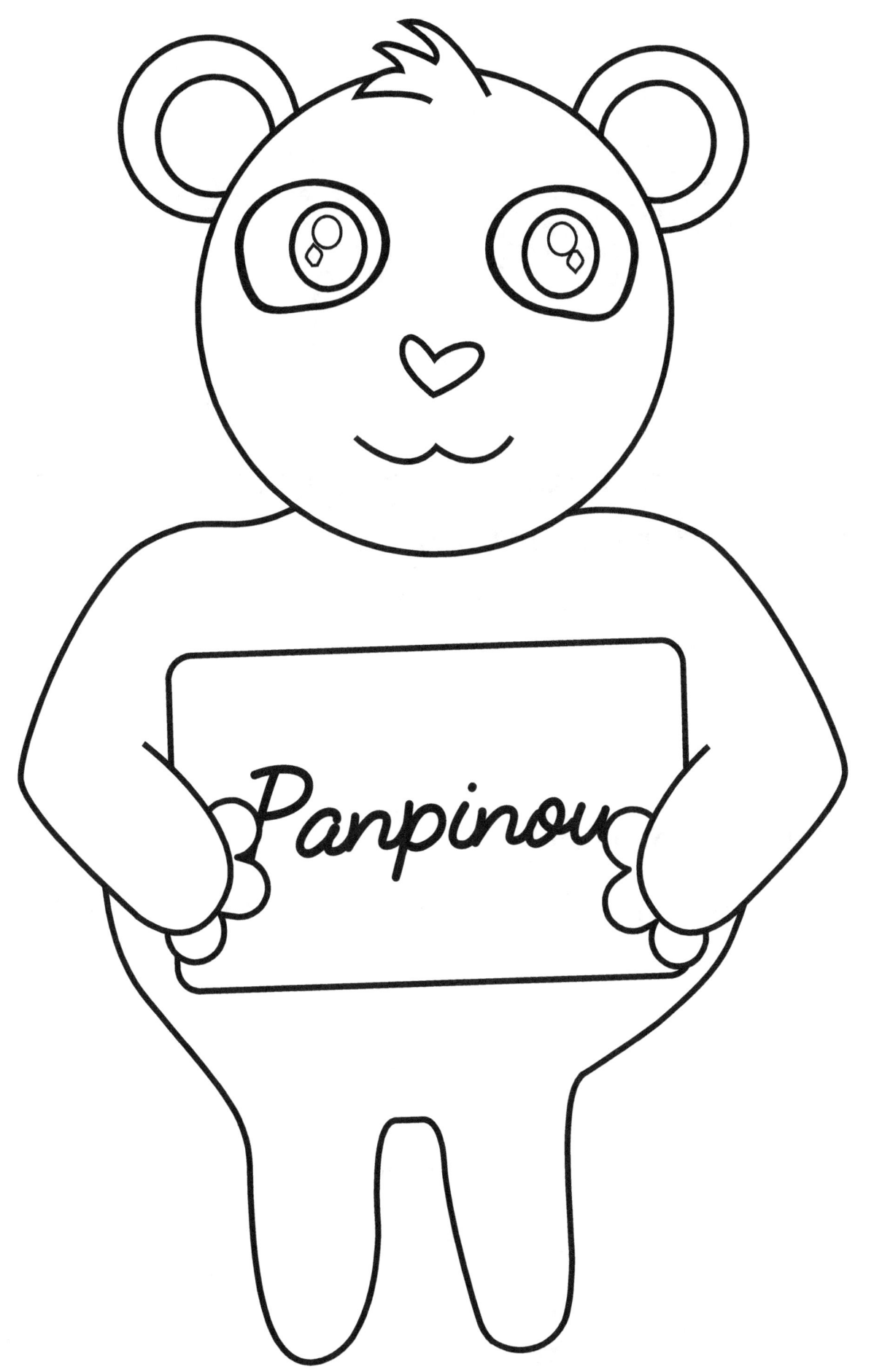

Des objets se sont cachés dans
l'histoire et il faut absolument les retrouver
pour accéder au grand trésor des Doulous qui se
trouve à la fin du livre !

Sauras-tu les retrouver ?

Nous comptons sur toi pour nous aider !
C'est parti pour la grande aventure !! Youpi !!

Aide nous à retrouver ces objets
pour gagner le trésor !

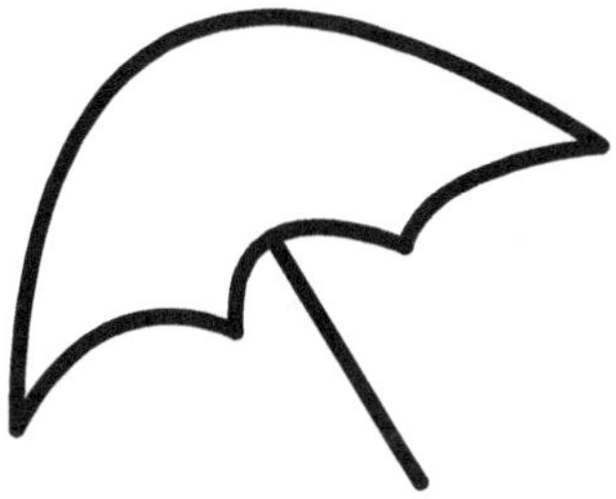

1 parapluie

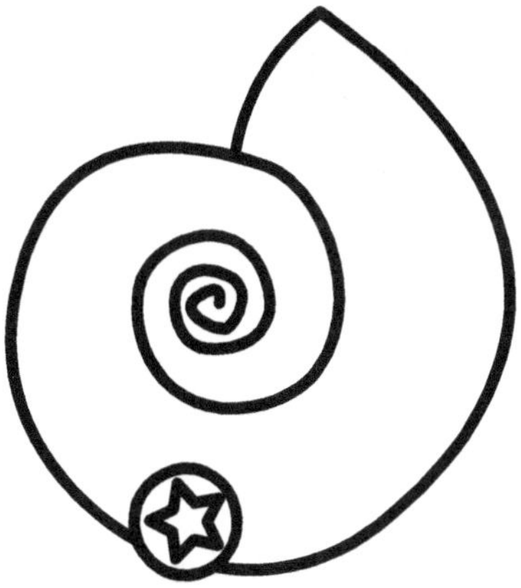

1 coquillage magique

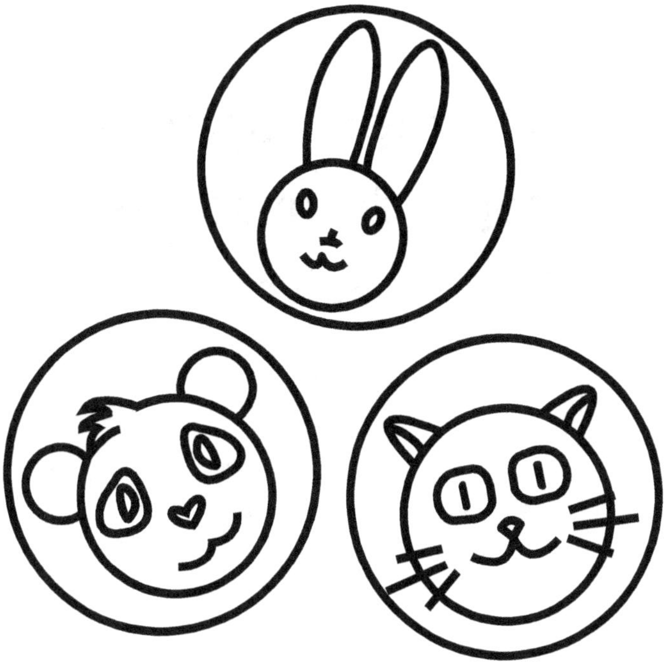

les 3 pièces des Doulous

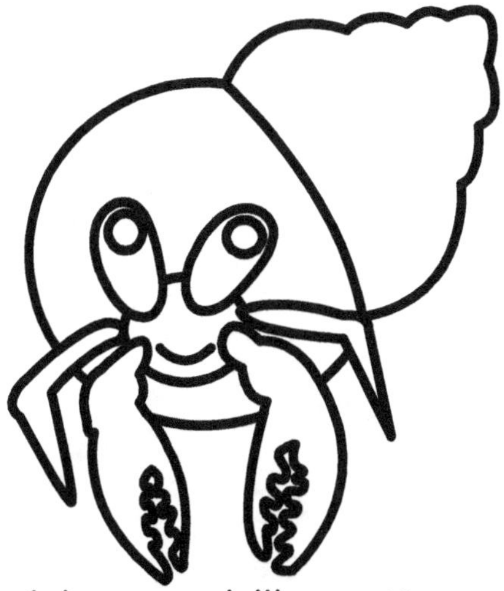

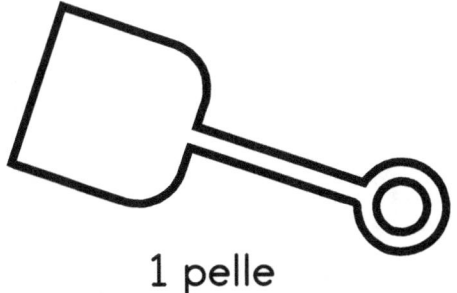

1 bernard l'hermite

1 pelle

Lapinou, capitaine du bateau aperçoit un mouvement au large et regarde avec ses jumelles. Mais qu'a-t-il bien pu voir ?

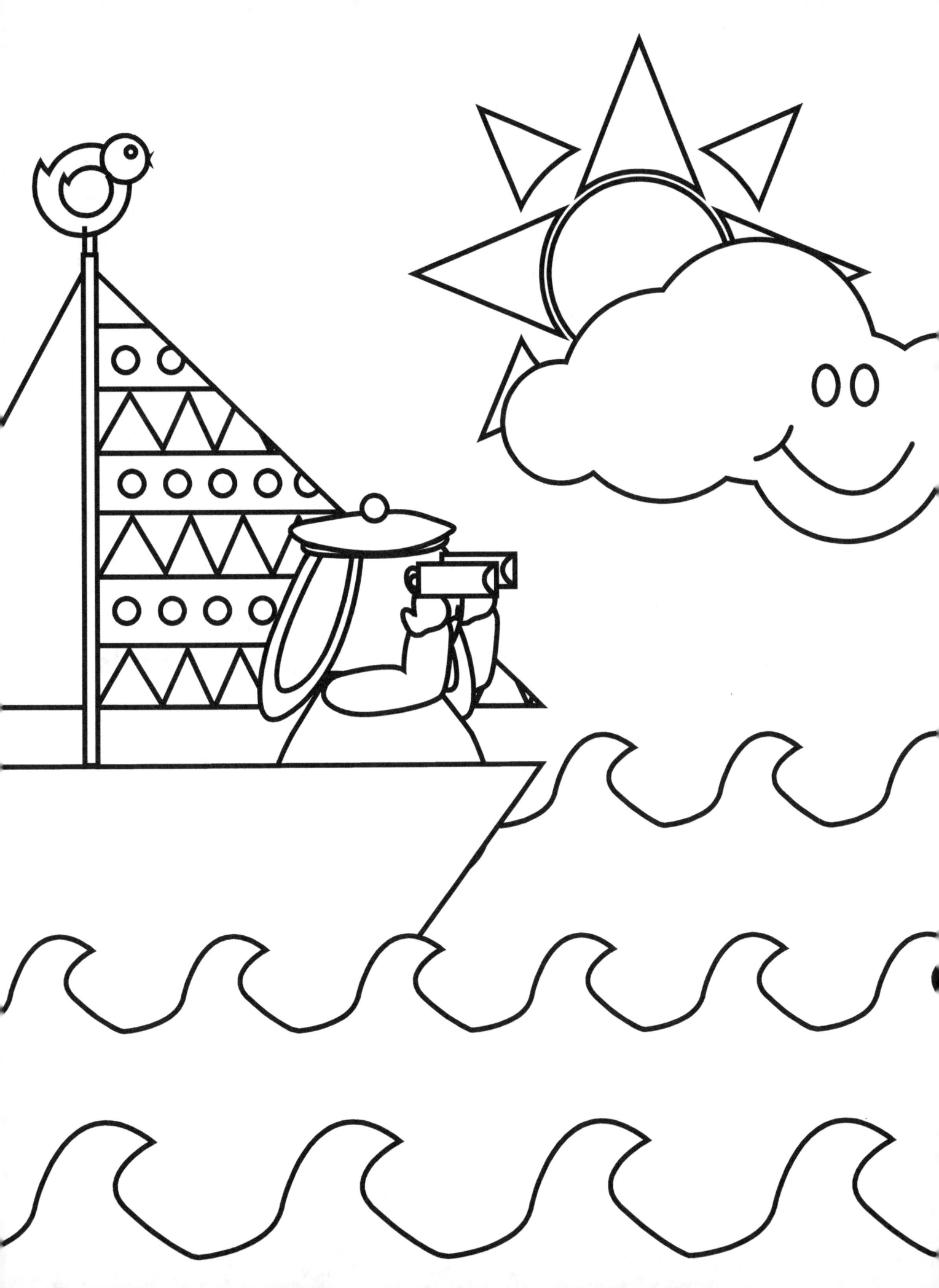

Mais oui c'est un dauphin qui saute
dans les vagues ! Petit dauphin a remarqué la
présence des petits Doulous sur leur bateau et
veut attirer leur attention en faisant des sauts
hors de l'eau !
Youpi, nous avons déjà un nouvel ami !

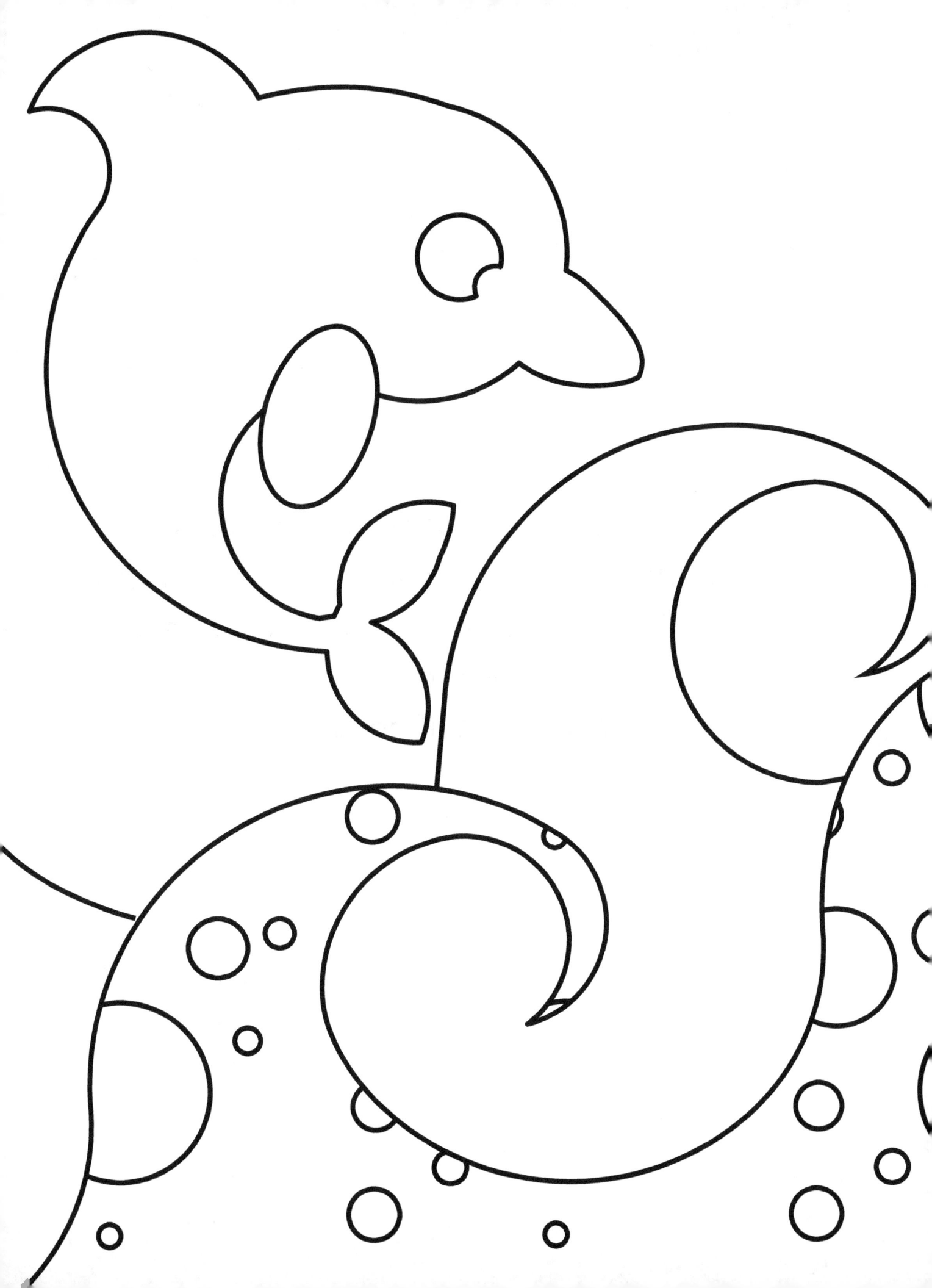

Chapinou, notre chat plongeur, profite
d'une halte du bateau pour aller découvrir les
fonds marins grâce à son masque, ses palmes et
sa bouteille d'oxygène.
Mais que va-t-il découvrir ?

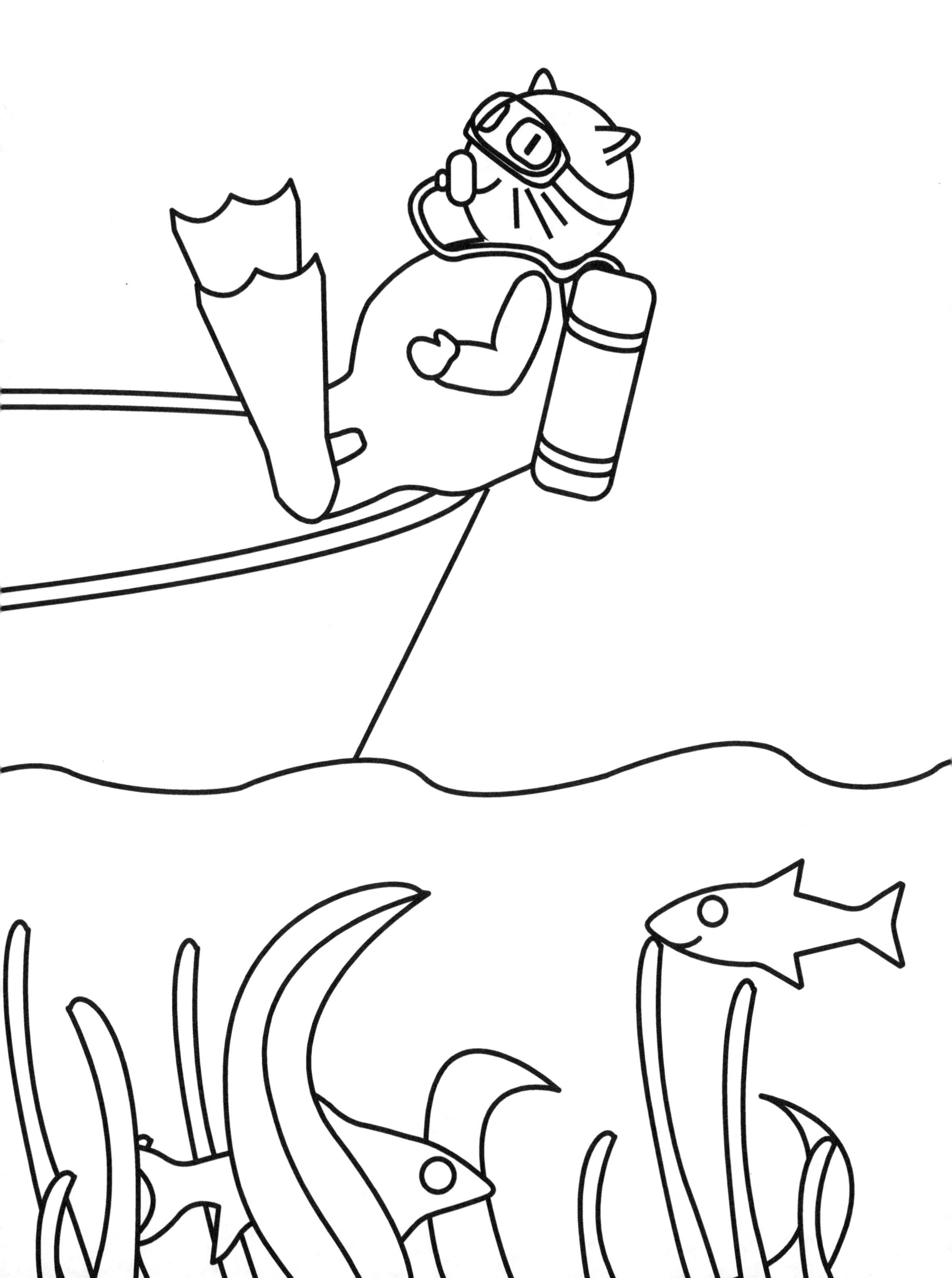

à peine a -t-il plongé qu'il est déjà suivi
par des centaines de poissons, curieux de voir de
plus près ce plongeur si particulier…

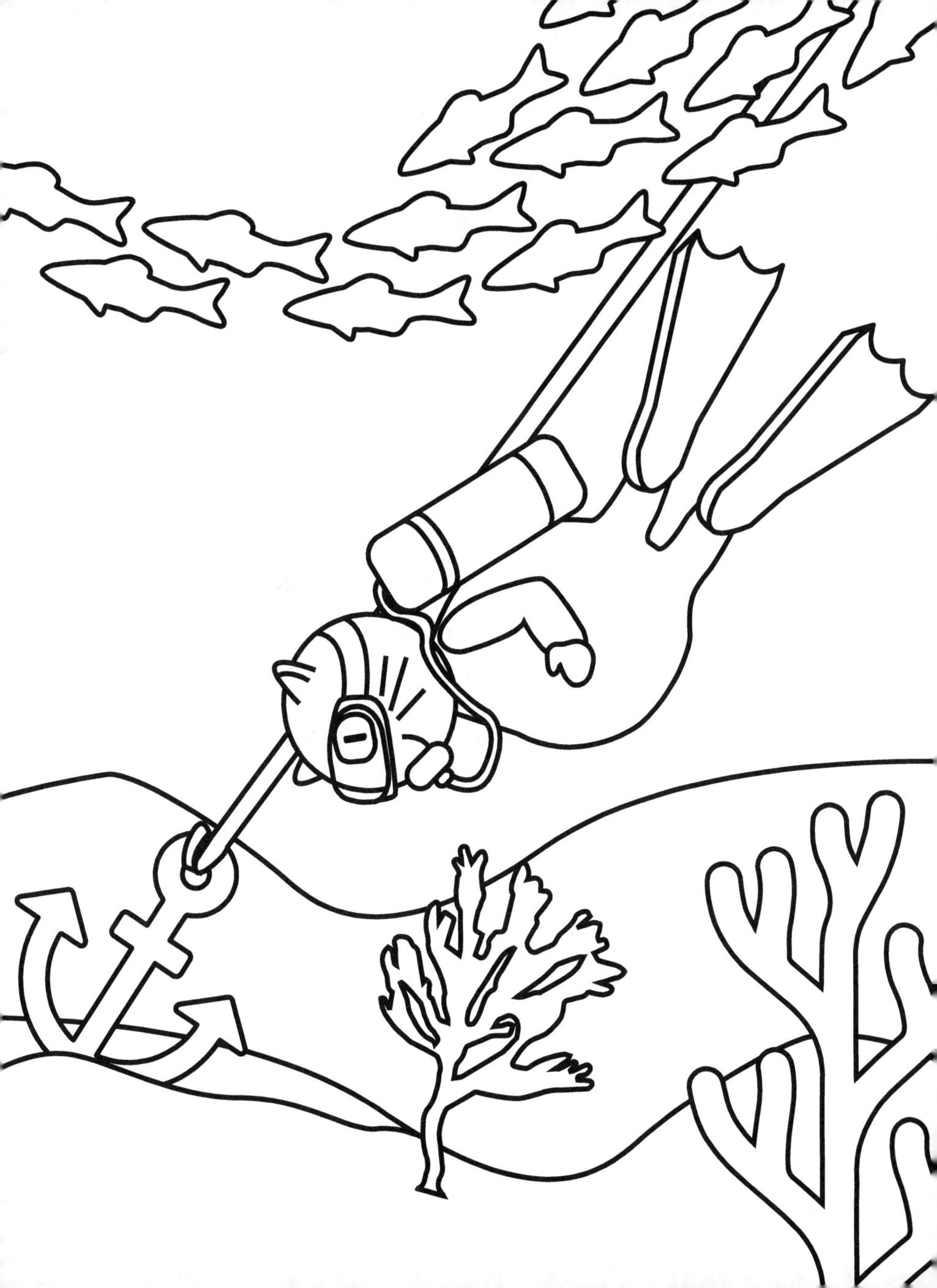

Il croise d' abord la route de deux otaries
qui s'amusent entre les algues !
Je crois que les bulles d'oxygène qui viennent de
ma respiration les amusent beaucoup, pense
Chapinou ravi de cette première rencontre.

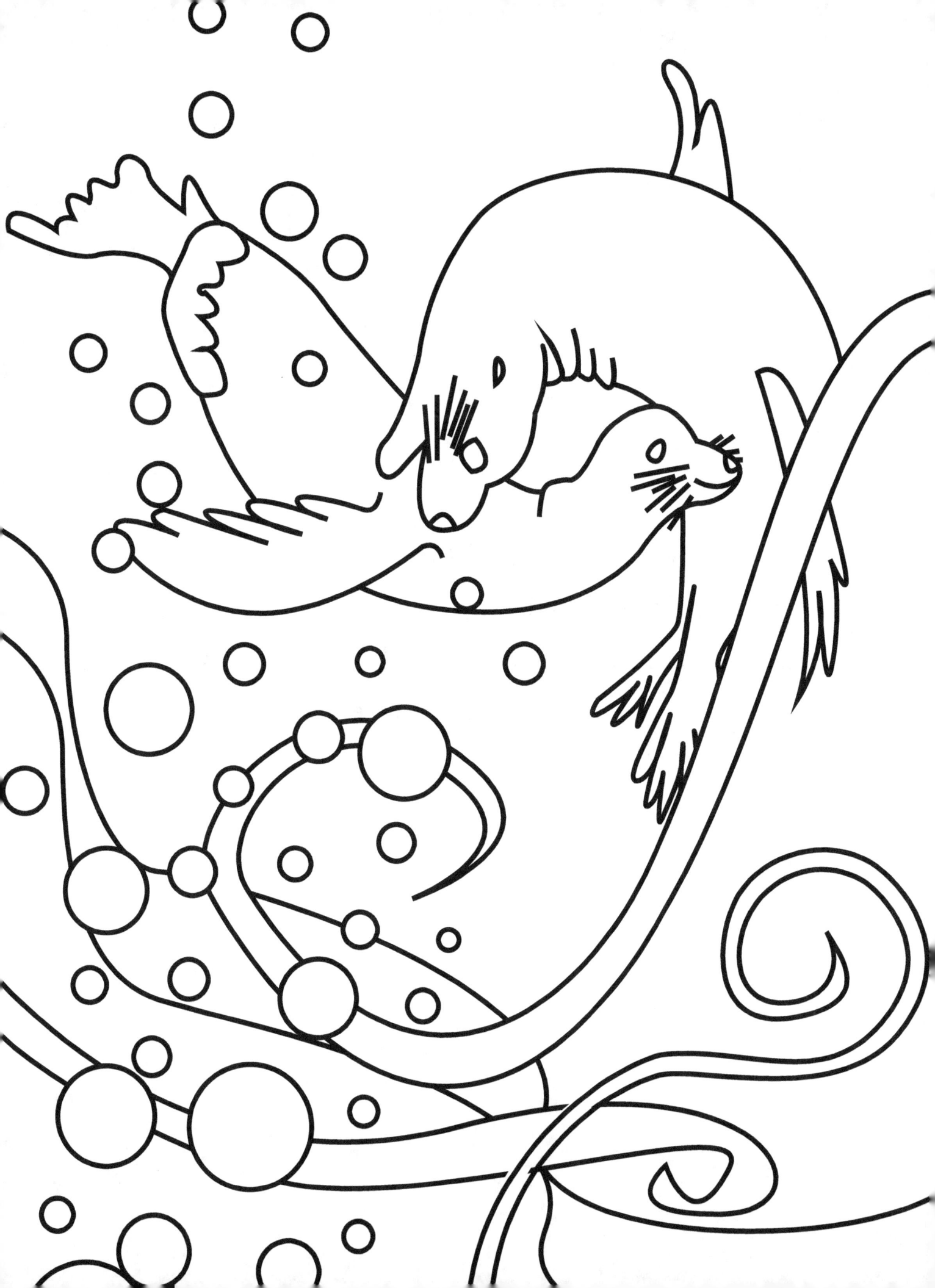

Un peu plus loin, Chapinou croise une maman tortue et son bébé, comme ils sont mignons avec leur carapace ! Mais que se cache t'il dans les algues ?

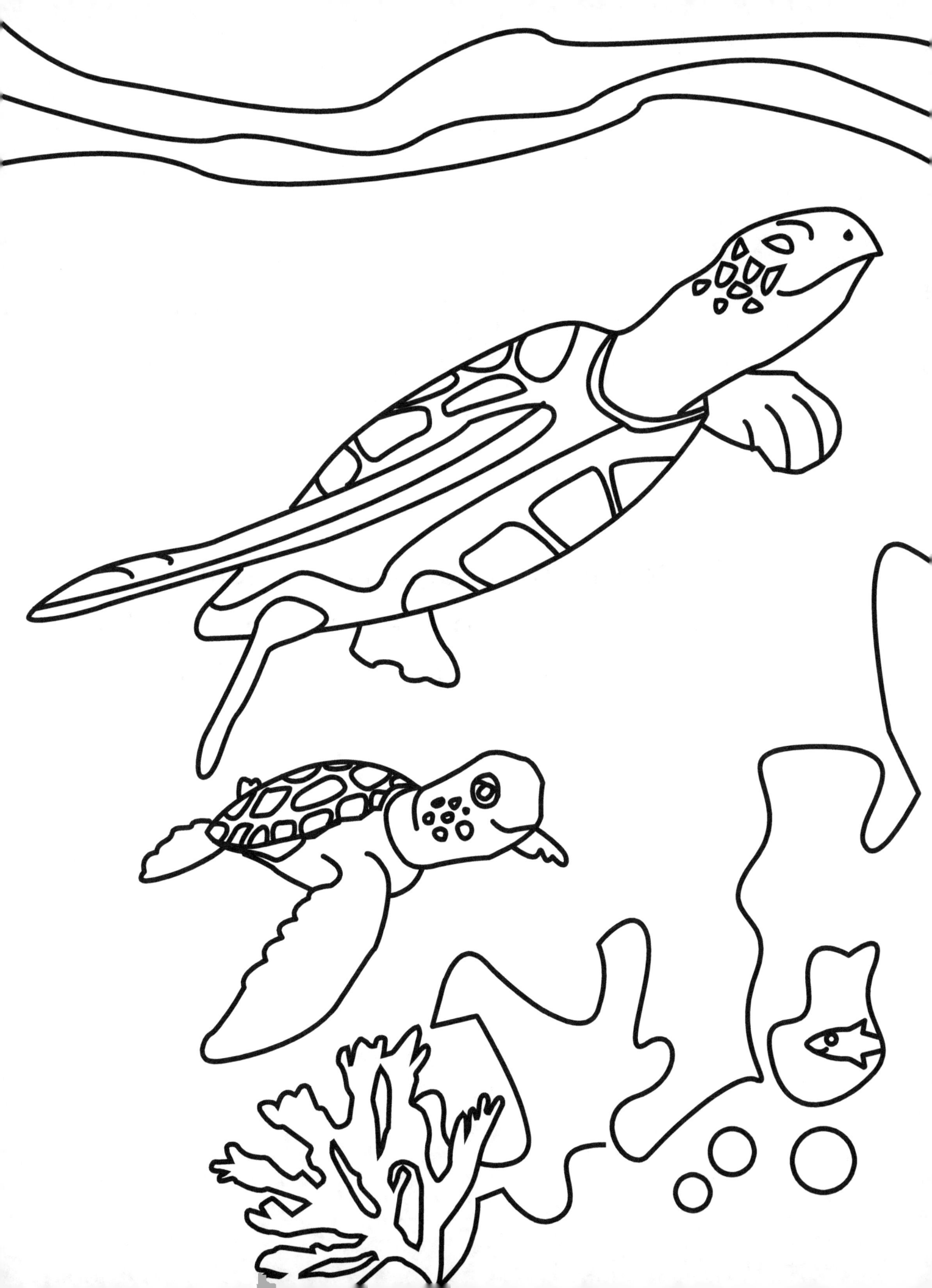

Une famille d'hippocampes ! Il sont si petits que Chapinou n'arrive pas à les compter! Peux-tu lui dire combien tu en vois ?

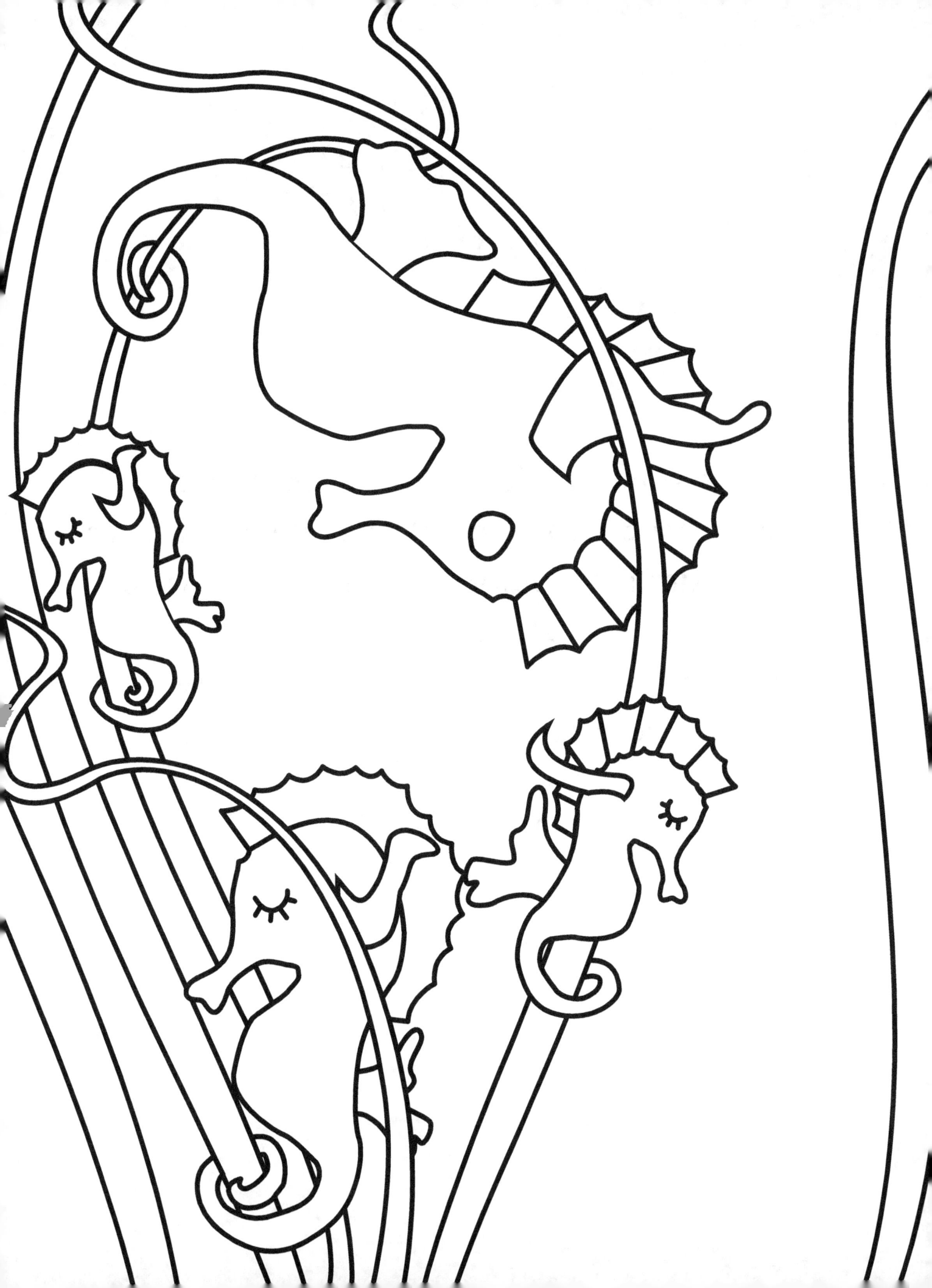

De retour sur le bateau, le capitaine
Lapinou est en train de calculer l'itinéraire pour
atteindre l'île magique grâce à sa boussole
et à sa carte.
Mais d'abord un petite pause s'impose sur l'ile
Coco pour faire le plein de nourriture !

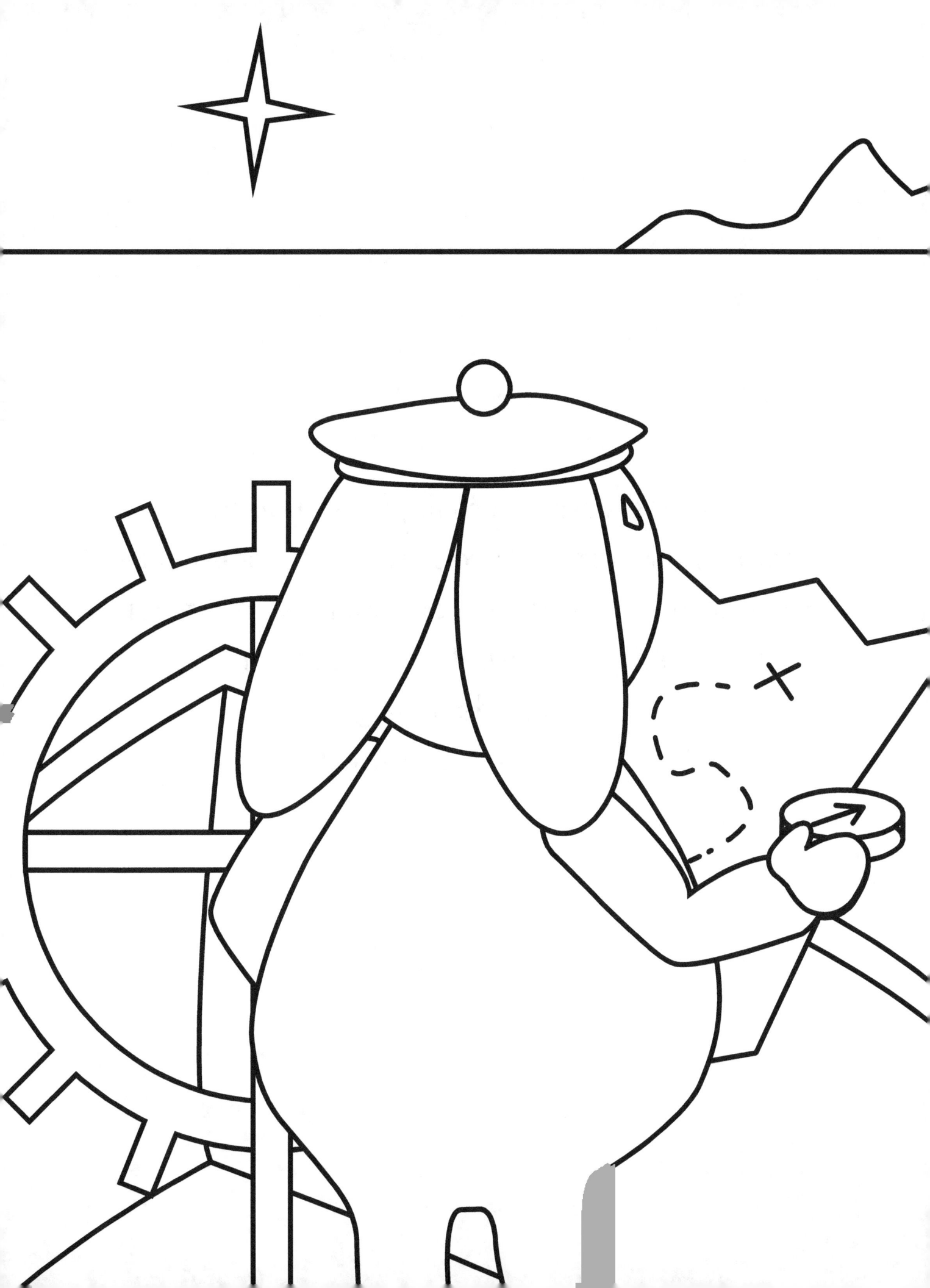

A peine arrivé sur l'ile, Panpinou notre
explorateur part à la recherche de nourriture. Il
a même fait un feu de bois pour ses amis qui en
profitent pour discuter de leurs premiers
jours de voyage.
Quelle aventure !

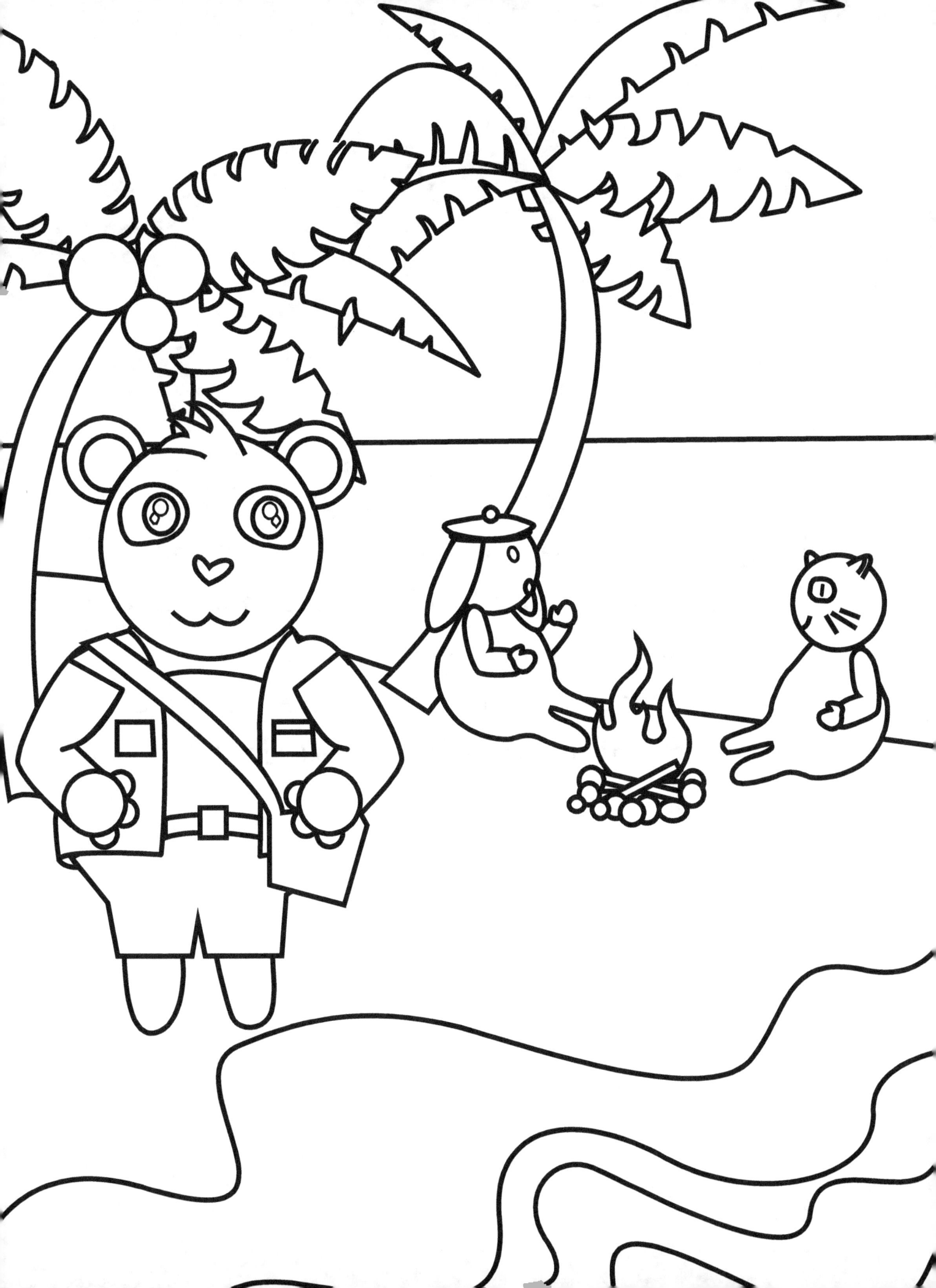

Après une bonne nuit de sommeil, les
Doulous reprennent la route. A tribord toute !
Mais quel est cet objet qui flotte à la surface ?
Serait-ce un indice pour retrouver le
grand trésor ? En tout cas, cette bouteille
contient un objet très intéressant…

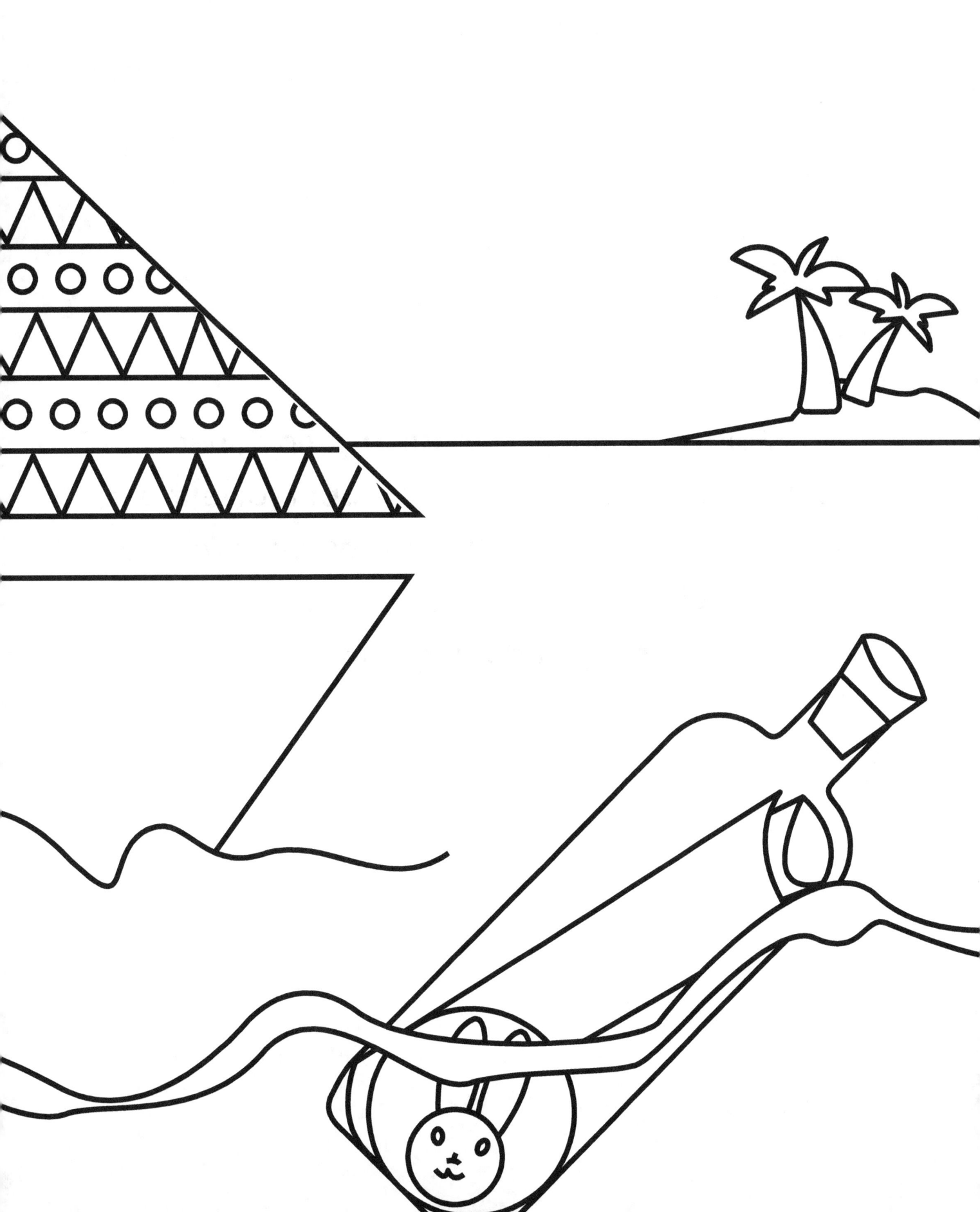

Après une longue journée à naviguer
seul dans l'océan, les Doulous aperçoivent une
belle sirène sur son rocher. Qu'es-ce qu'elle est
belle avec ses longs cheveux et
sa grande nageoire !

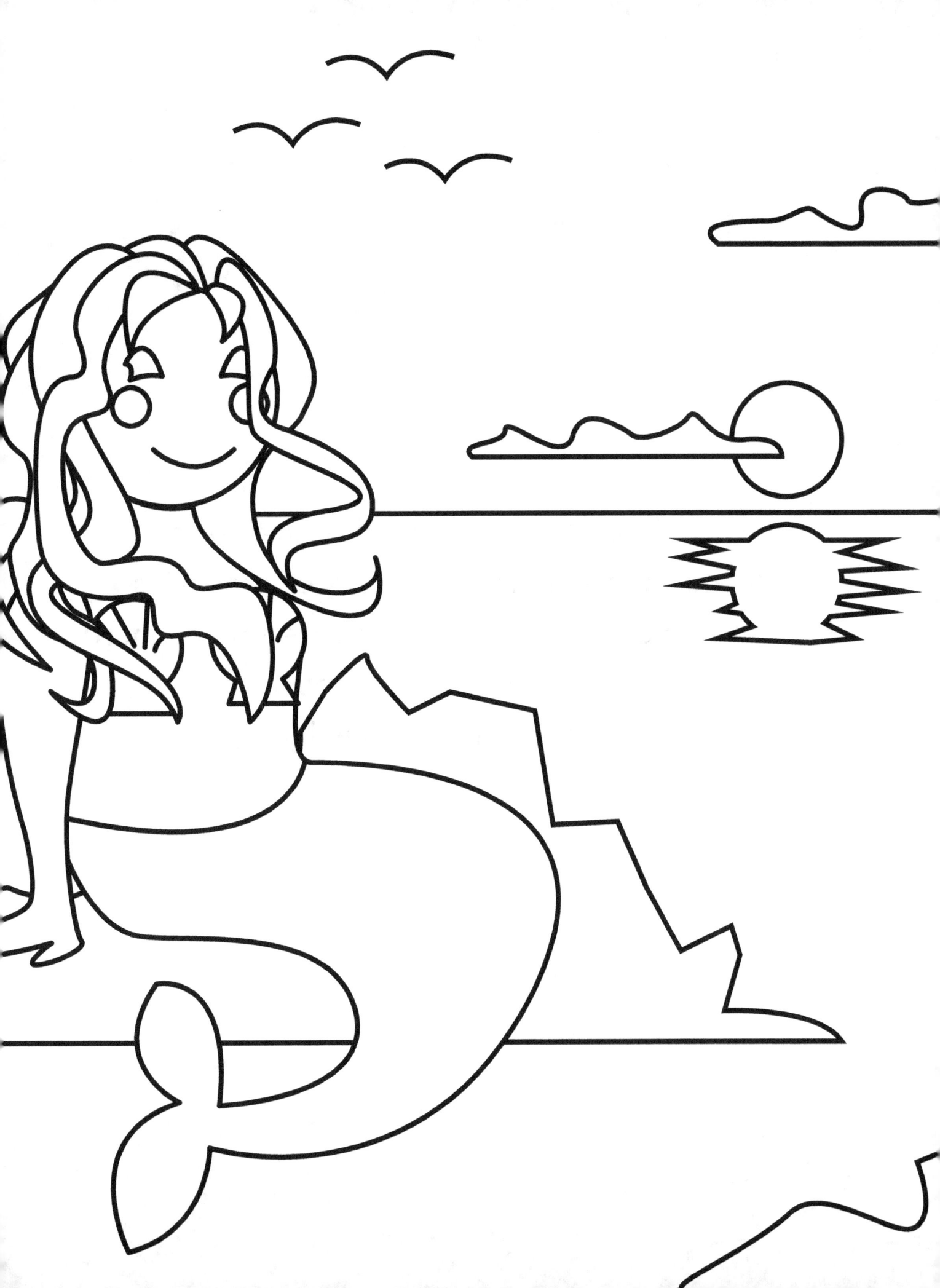

De leur côté, le phare du rocher s'est
allumé pour éclairer les côtes afin que les
bateaux voient bien. Il est temps de jeter l'ancre
et de faire un bon dodo.
à demain les amis !

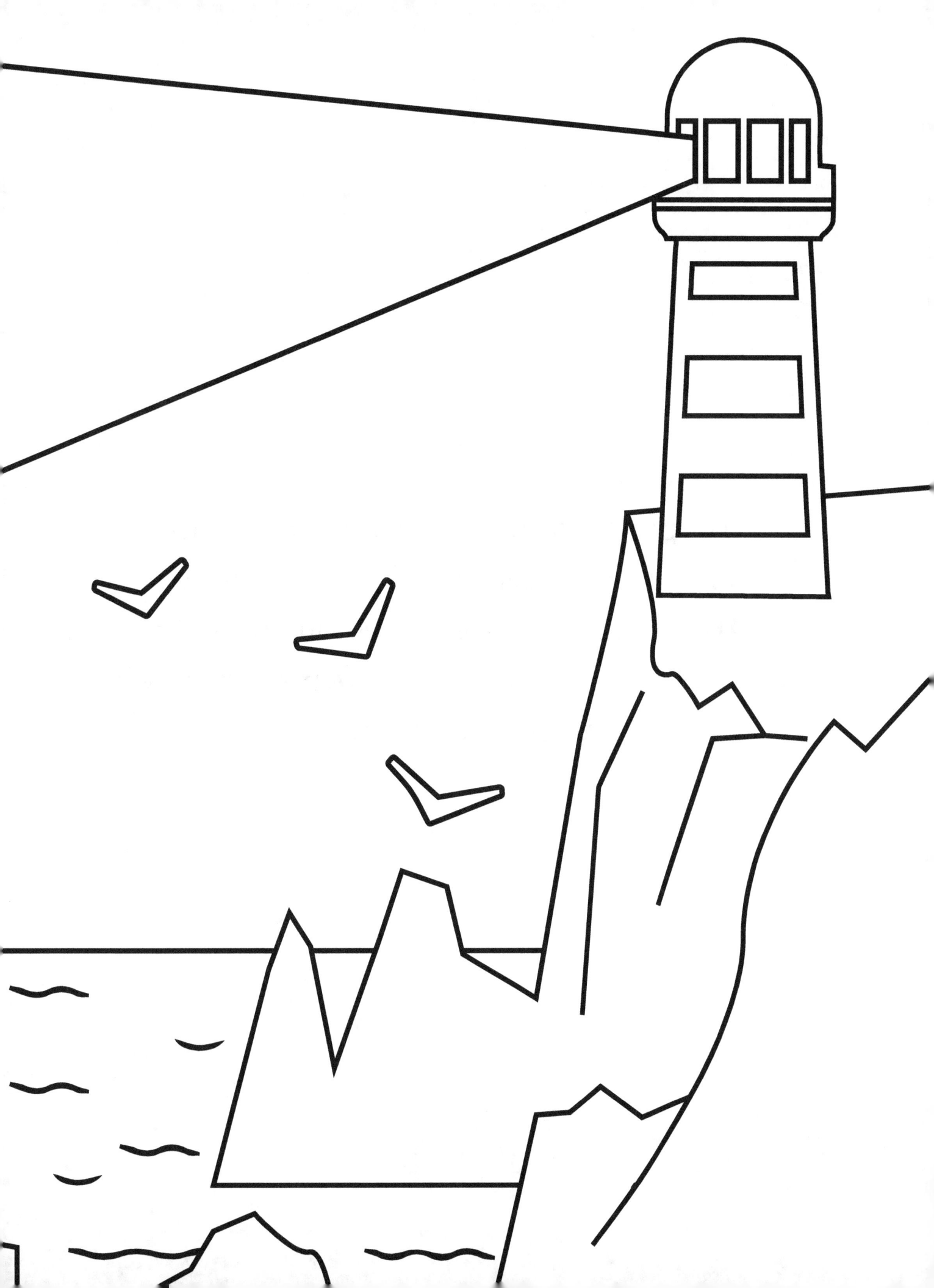

Au petit matin, Chapinou a repris la plongée et découvre une bande d'étoiles de mer… Apparemment elles ont vu quelque chose de marrant à la surface mais qu'est ce que cela peut -il bien être ?

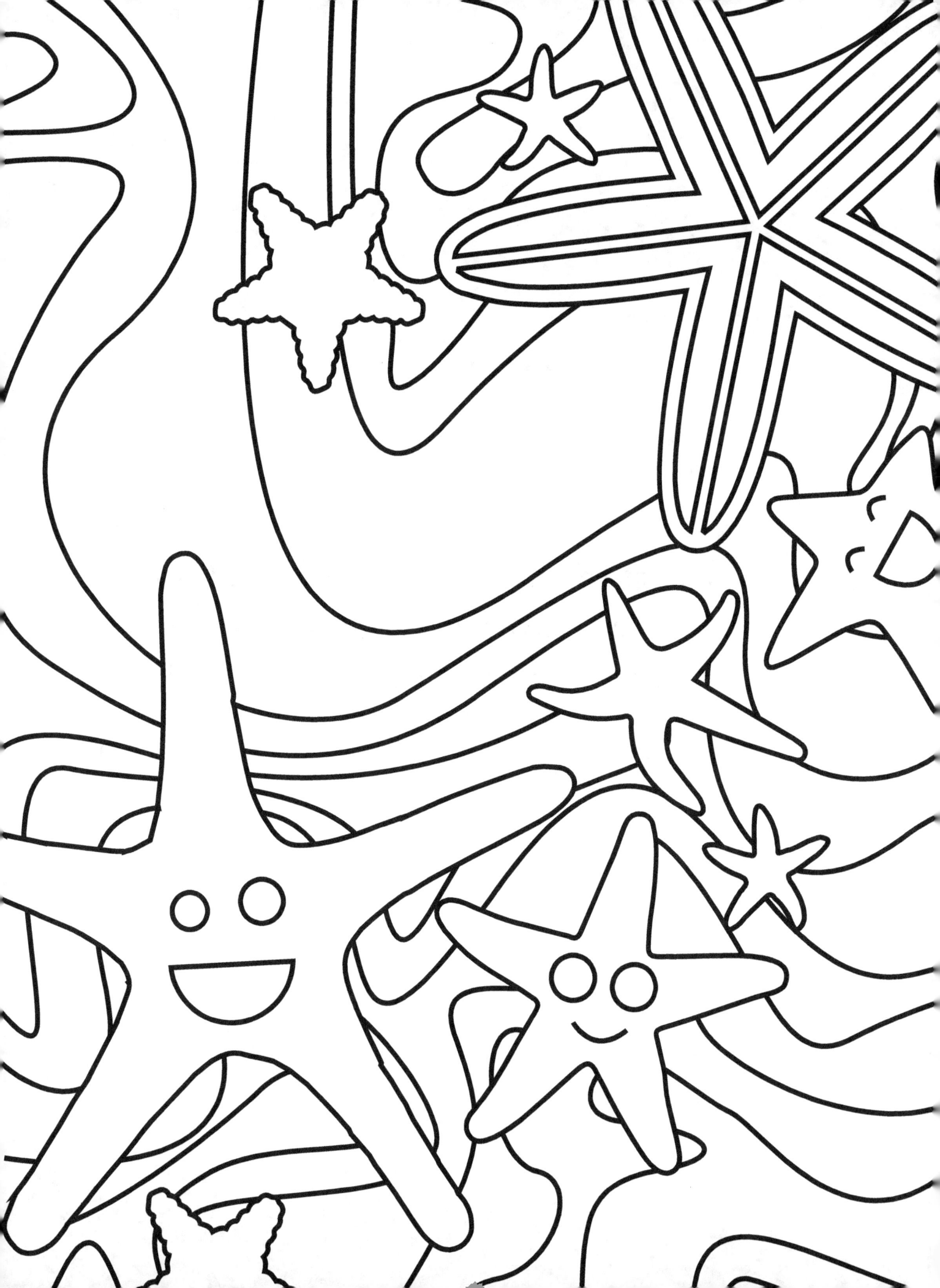

Mais c'est Lapinou qui s'amuse à se faire arroser sur le dos d'une grande baleine !! Décidément Lapinou n'a peur de rien !!

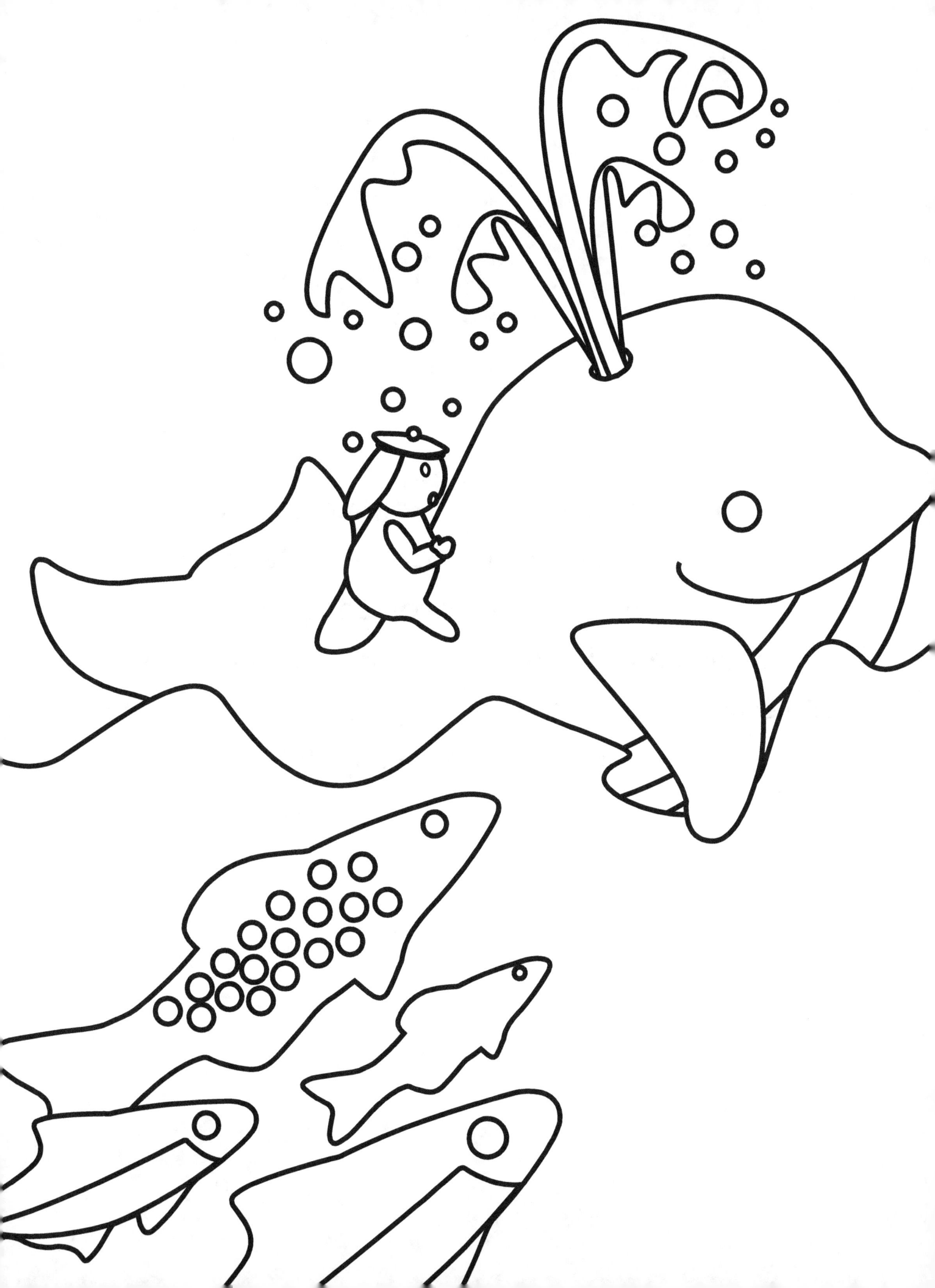

En continuant son exploration sous-marine, Chapinou fait la découverte d'un coffre fermé par un gros cadenas.
Mais ça doit être le trésor des Doulous !!
Il ne nous manque plus qu'à retrouver les indices pour l'ouvrir, Youpi!!!

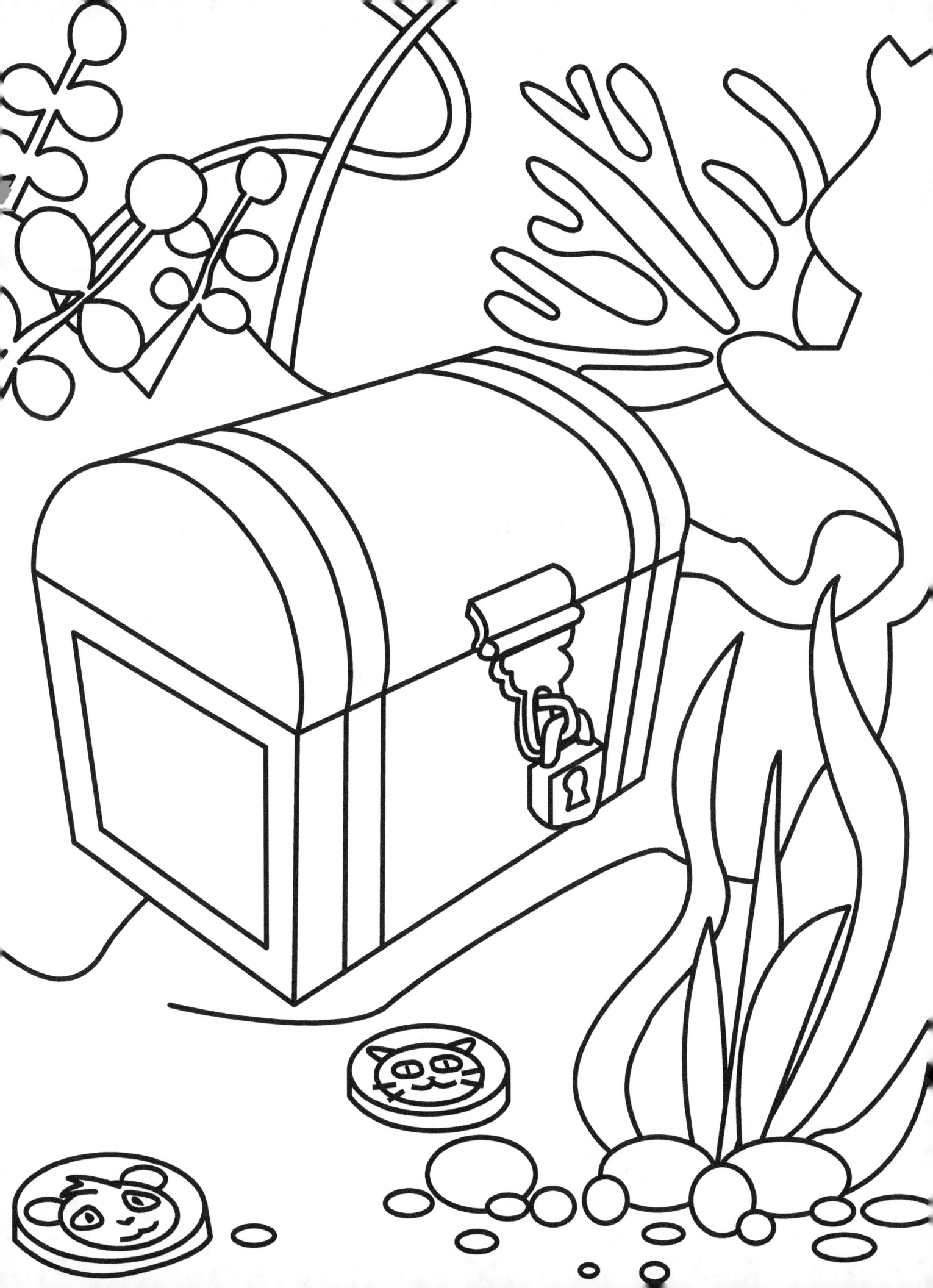

Après avoir remonté le coffre sur le
bateau, Chapinou découvre l'épave d'un bateau
qui a dû faire naufrage ici il y a quelques
années. Quelle découverte !
J'ai hâte de raconter tout ça à mes amis !

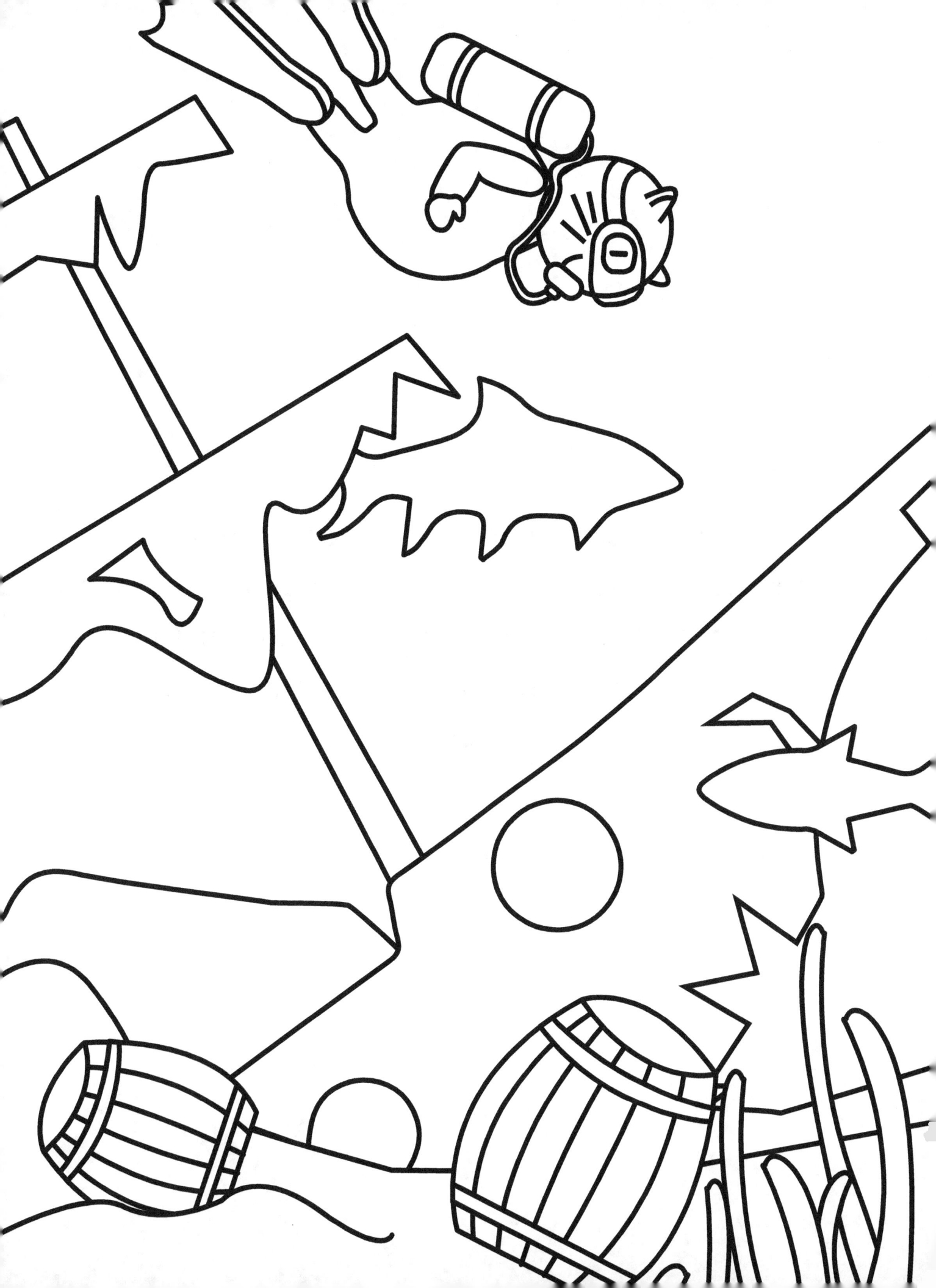

Pendant ce temps, à la surface, Lapinou
et Panpinou s'amusent comme des petits fous sur
leur grosse bouée en forme de gâteau. Mais
quelle est donc cette chose qui passe au dessus
de leur tête?

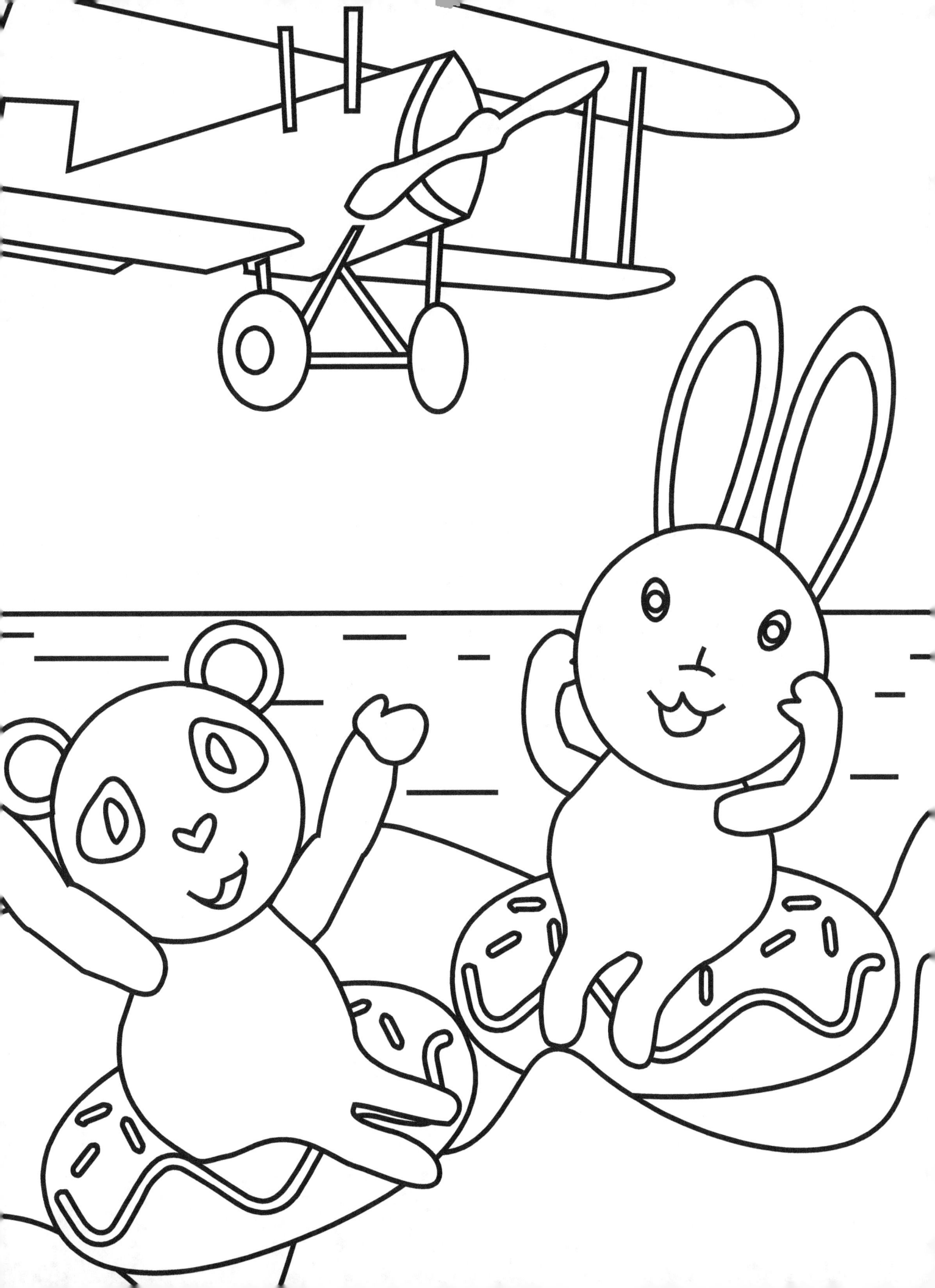

Panpinou qui n'aime pas tellement
rester dans l'eau, est reparti sur l'île afin de
ramasser des noix de coco pour ses amis.
Peux-tu lui dire combien de noix de coco sont
déjà tombées par terre ?

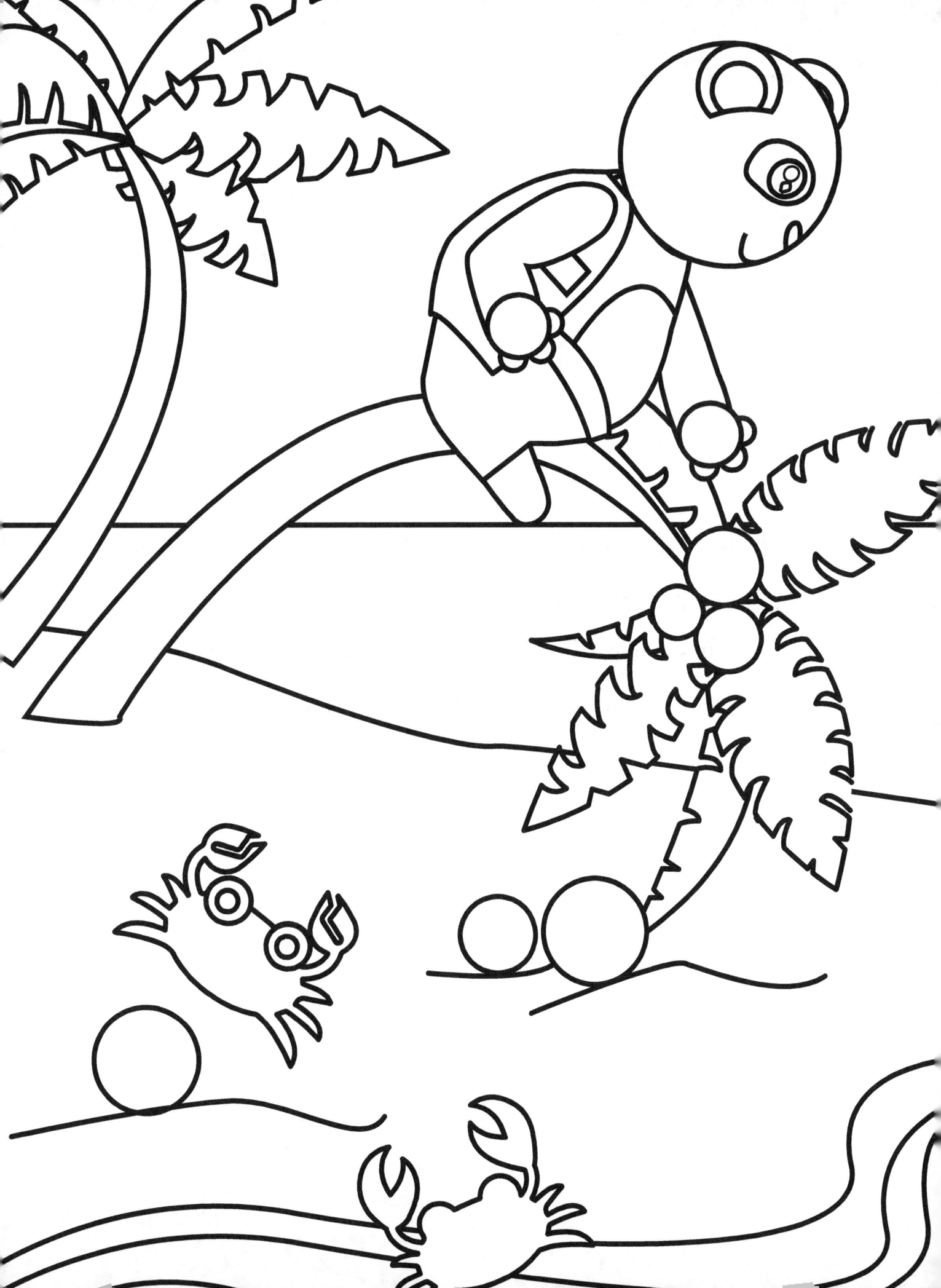

Mais que se passe t'il ? On dirait bien que Pampinou a pris une noix de coco sur la tête et n'y voit plus très clair… Laissons-le reprendre ses esprits quelques instants.

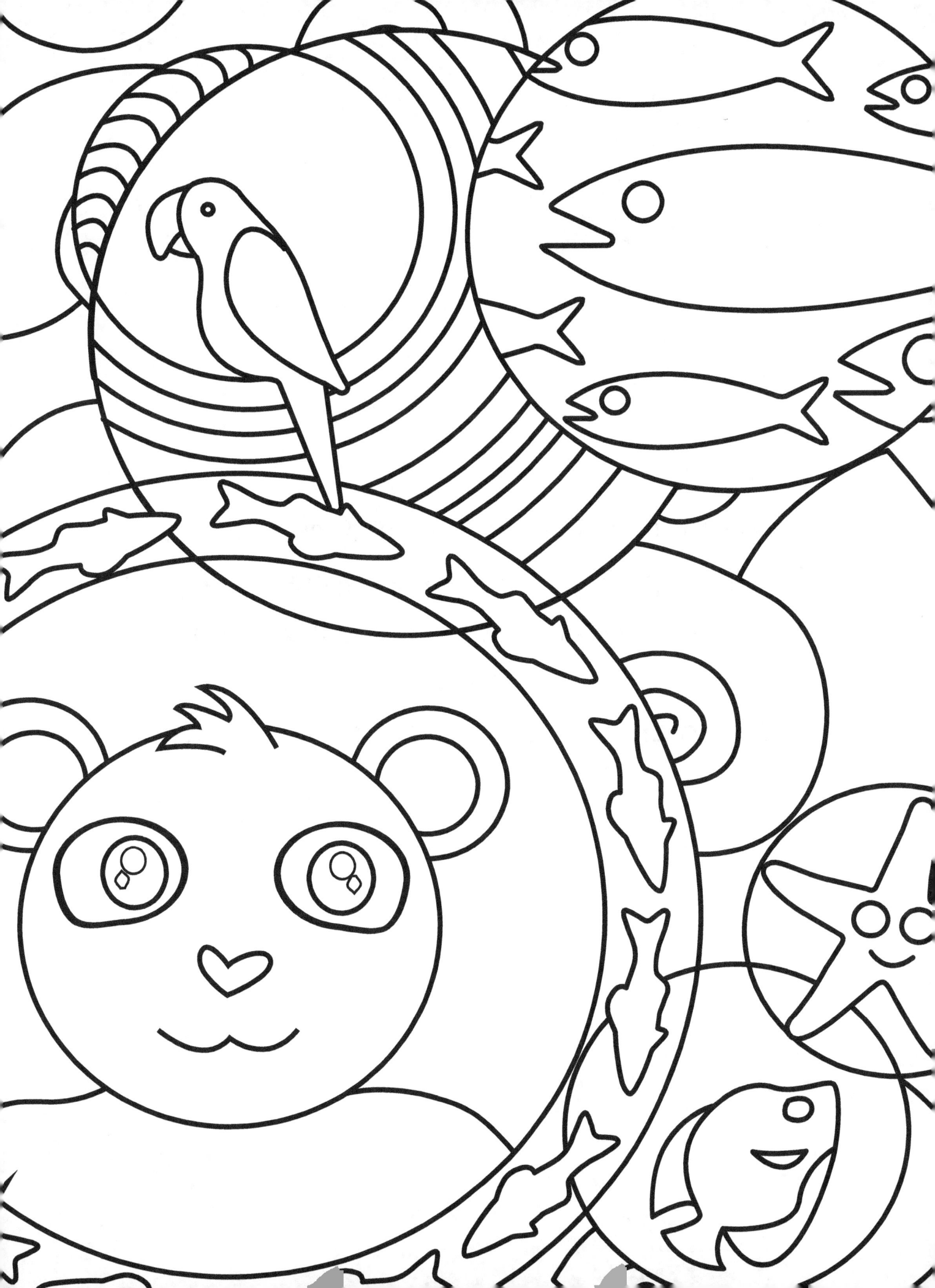

Loin d'imaginer ce qui se passe sur l'ile,
Chapinou profite des belles vagues pour tester
sa nouvelle planche de surf qu'il a achetée à
Hawaii !!
Quel plaisir de pouvoir surfer sur l'océan !!

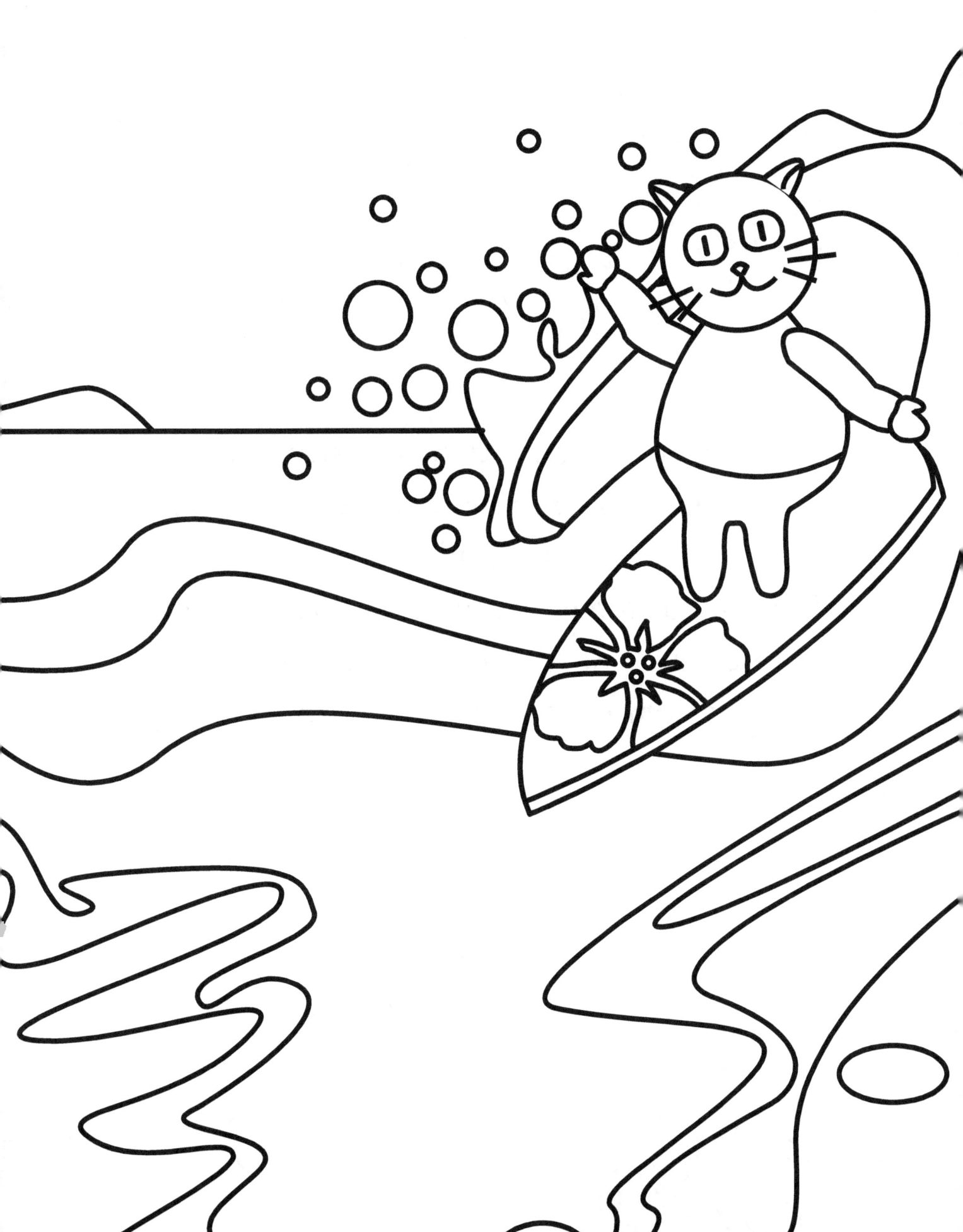

Lapinou quant à lui, a décidé de
s'amuser à faire un château de sable
sur la plage.
Sais-tu comment s'appelle le grand oiseau à
côté de lui ? Si tu connais son nom, tu sauras
également de quelle couleur le colorier !

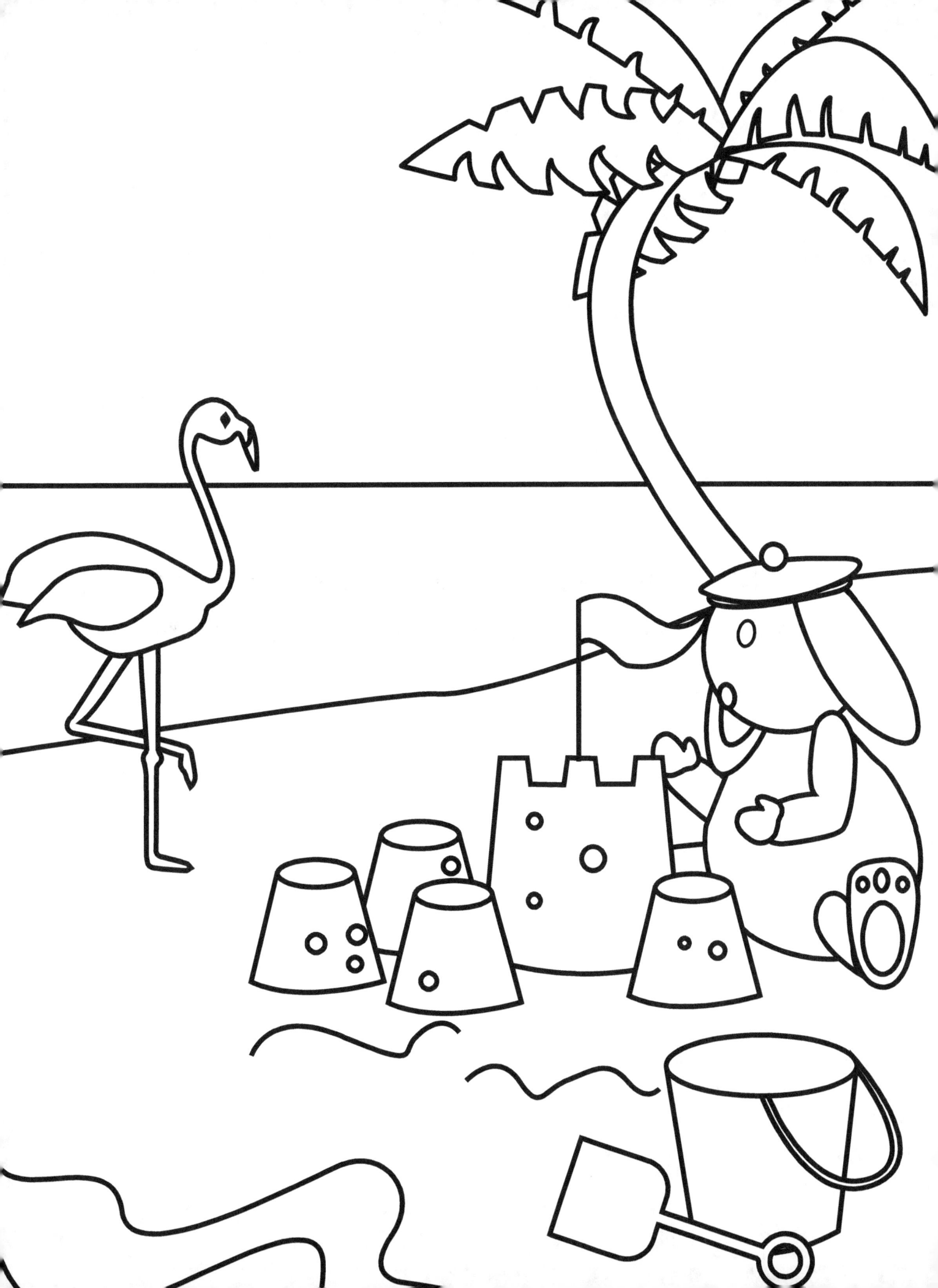

Mais qu'est-ce que ces grands poissons
qui passent sous Chapinou ?? des requins ?
Vite il faut le prévenir !!

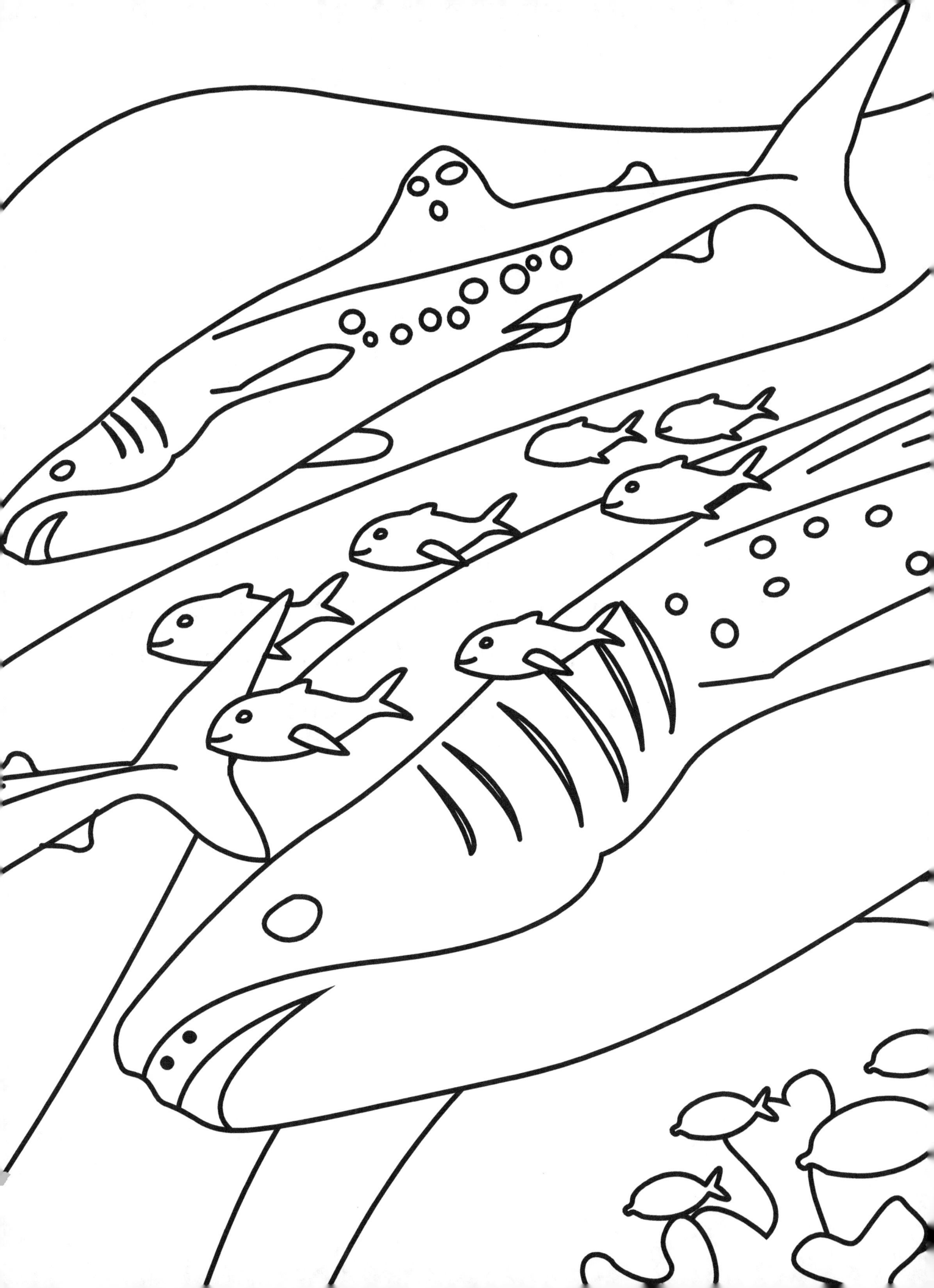

Ouf ! Heureusement un requin scie a
effrayé les requins avec son long museau... Et
celui-ci est totalement inoffensif ! Chapinou est
hors de danger maintenant !

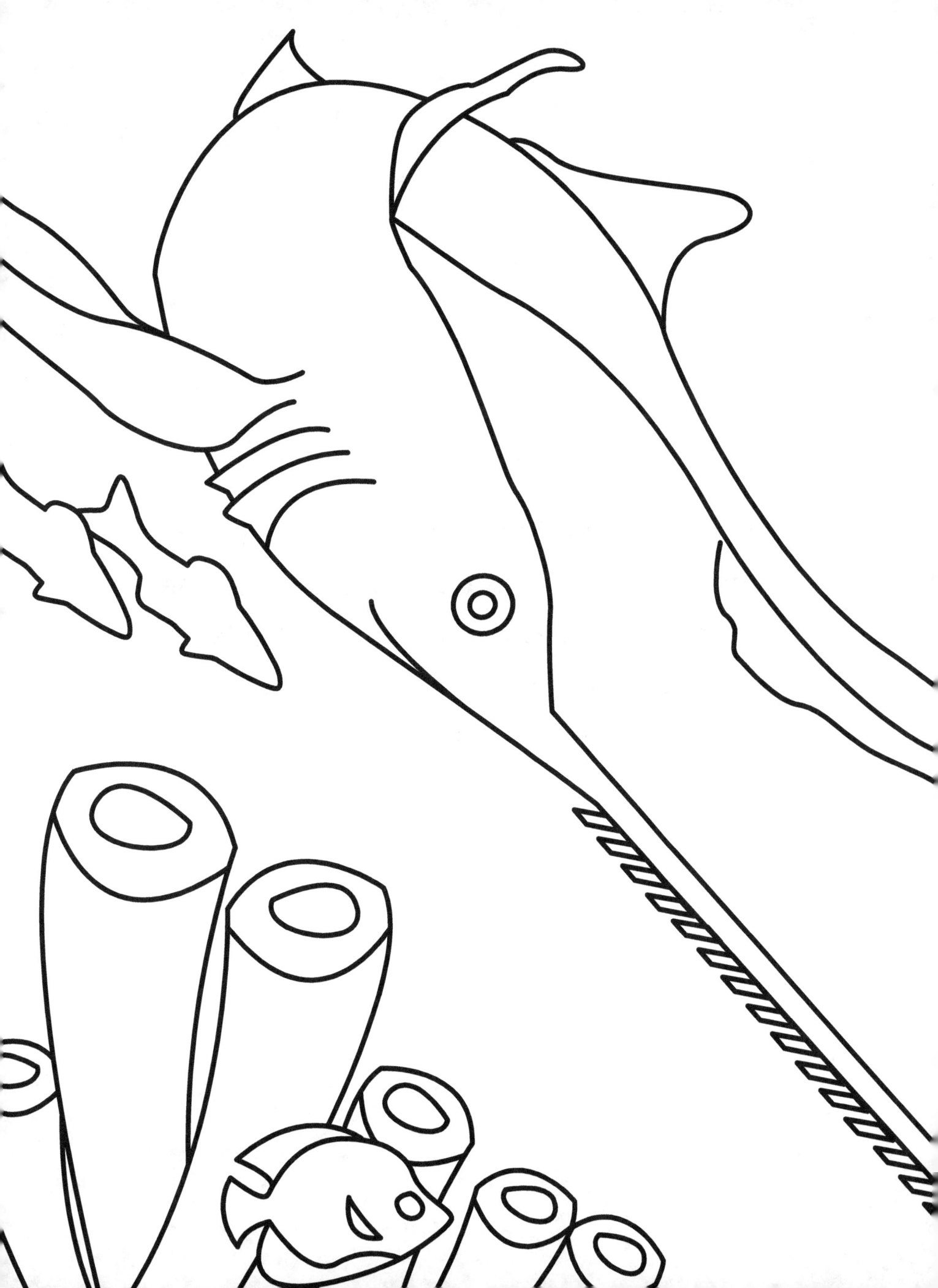

à peine le surf fini, Chapinou prend son masque et son tuba et enfile ses palmes pour rejoindre ses amis les raies. Qu'elles sont belles, on dirait qu'elles volent dans l'eau !

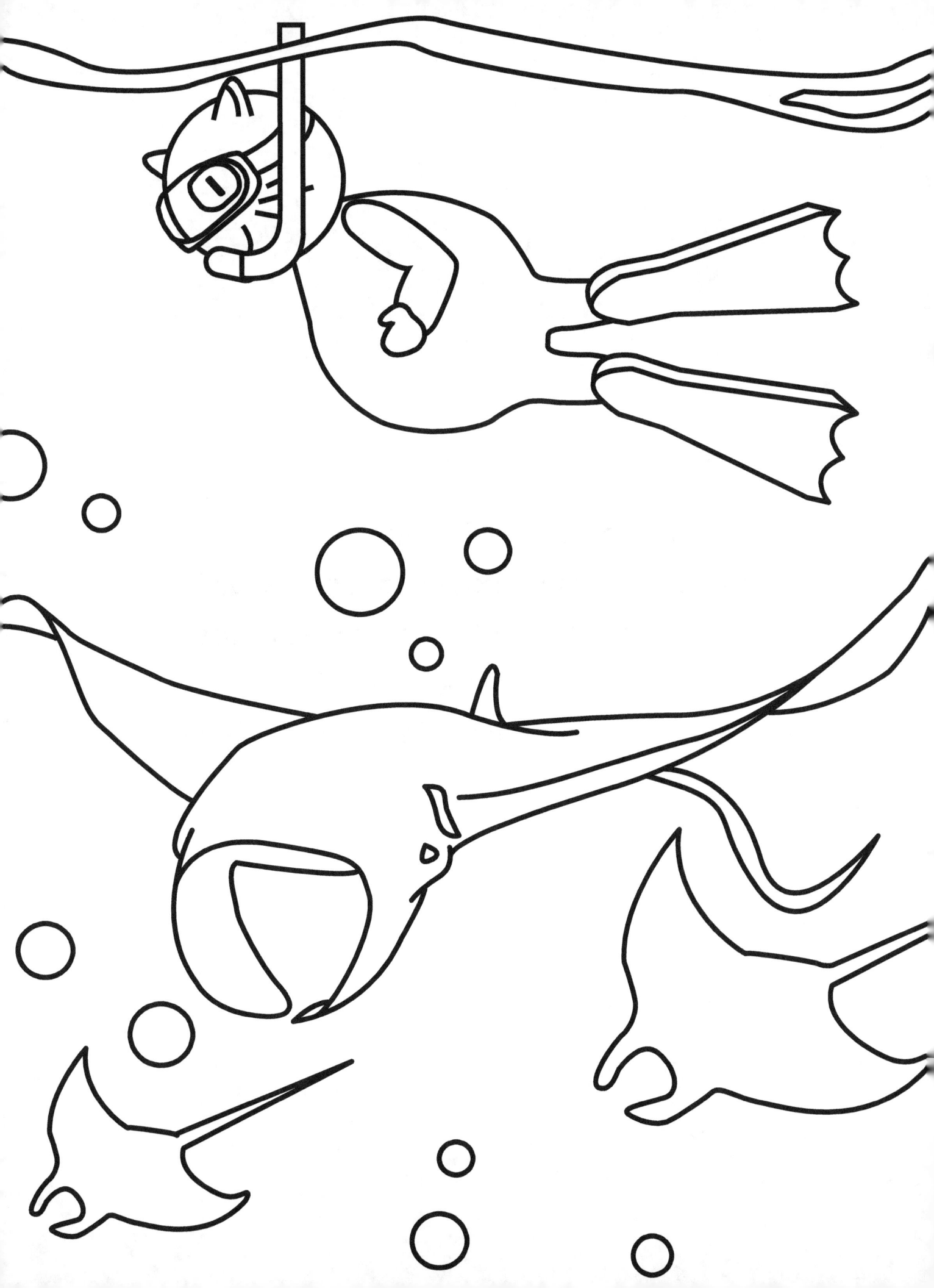

Un peu plus loin, une famille de
poissons-clowns se cache dans une anémone.
Sais-tu de quelle couleur sont les
poissons-clowns ?
Vite colorie-les tous !!

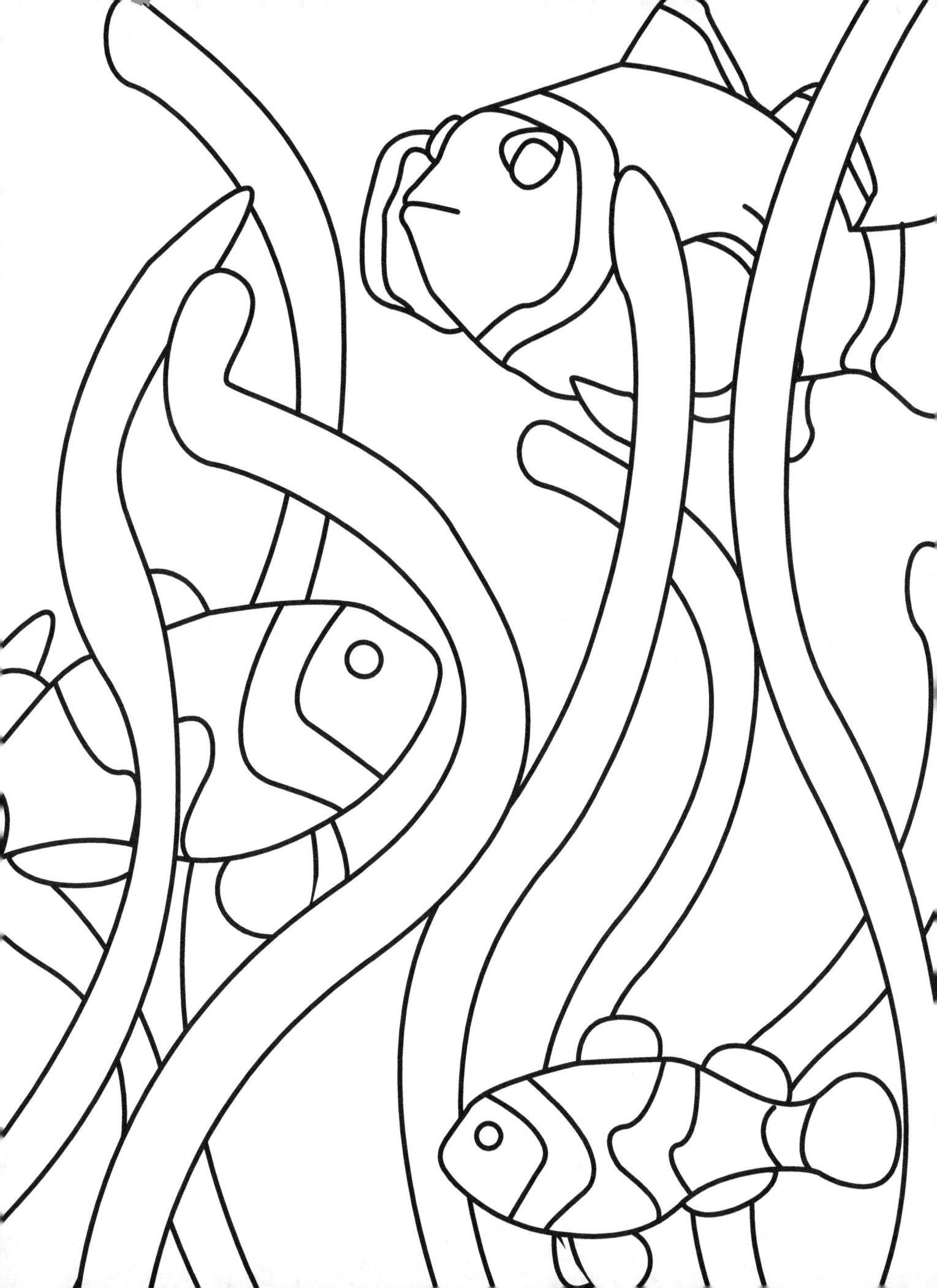

Quels beaux coquillages tu as trouvé !
Avec tous ces coquillages tu pourras faire des
cadeaux à tous tes amis une fois rentré, bravo !

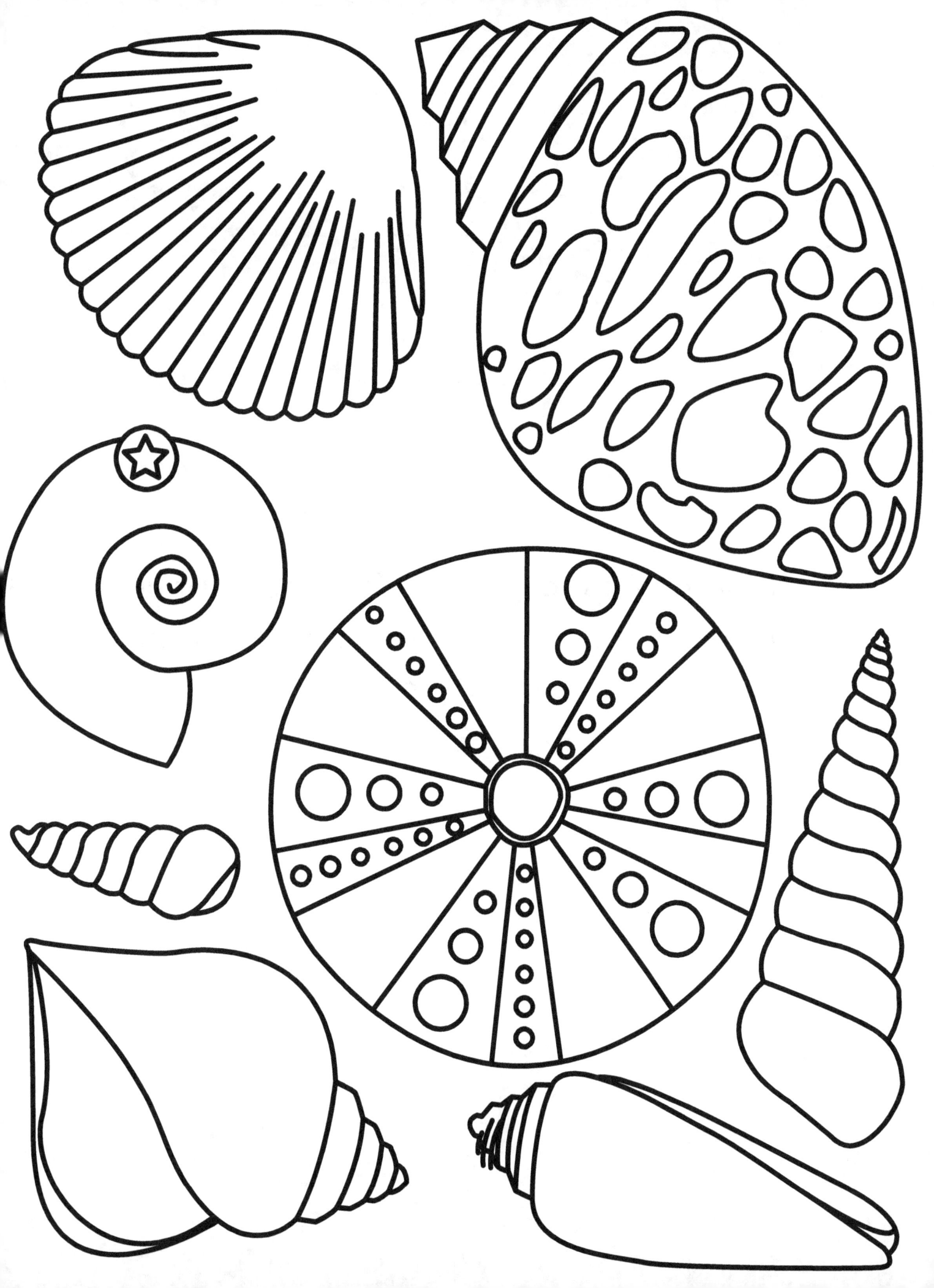

Mais quel est cet animal ? Ah oui c'est un poulpe !! On dirait que maman poulpe a peur de Chapinou…

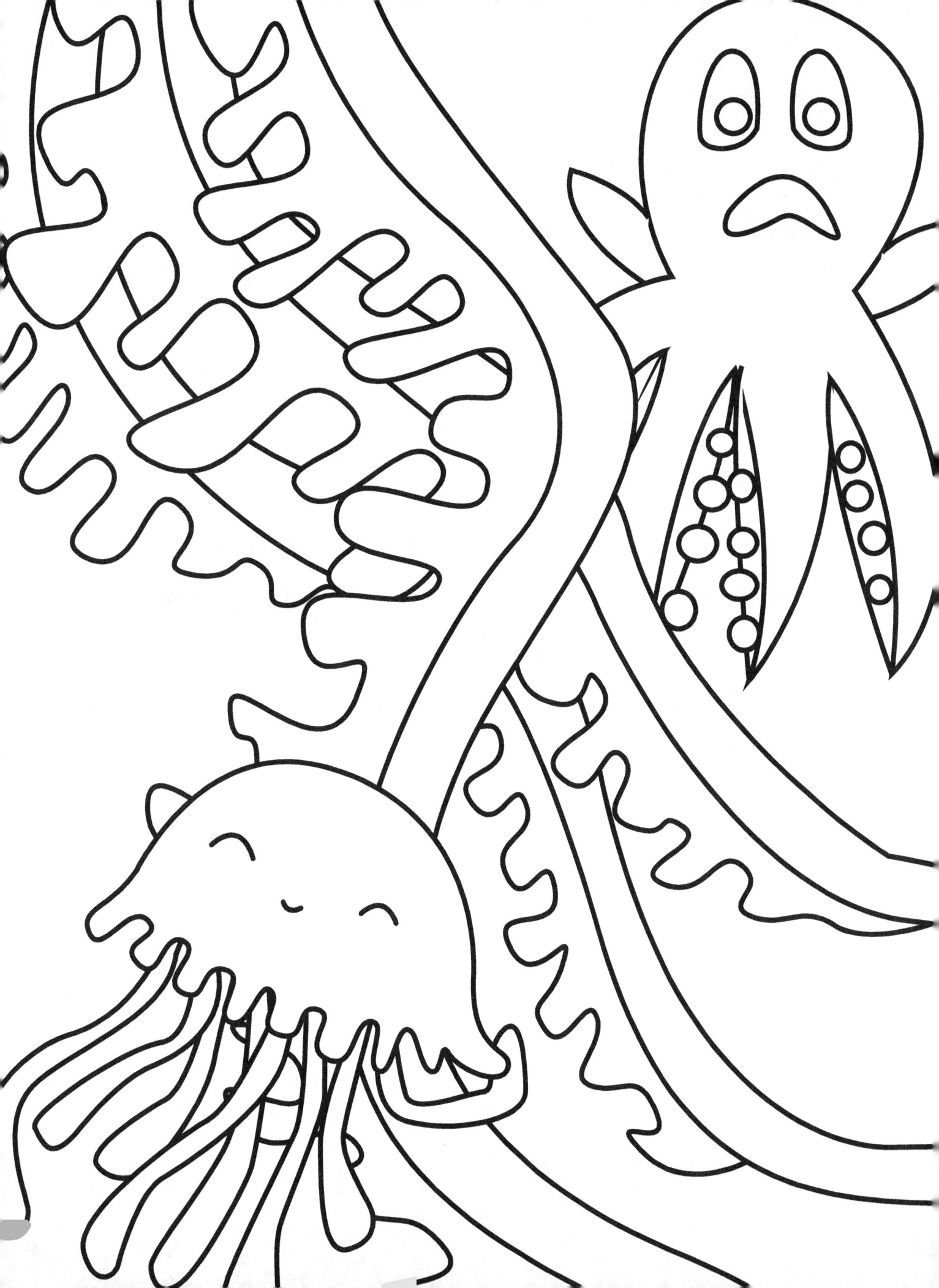

Ah non maman poulpe doit avoir peur
des petits oursins qui se cachent dans le sable
avec leur ami Bernard-l'hermite !
Il est temps de de remonter sur la terre ferme !

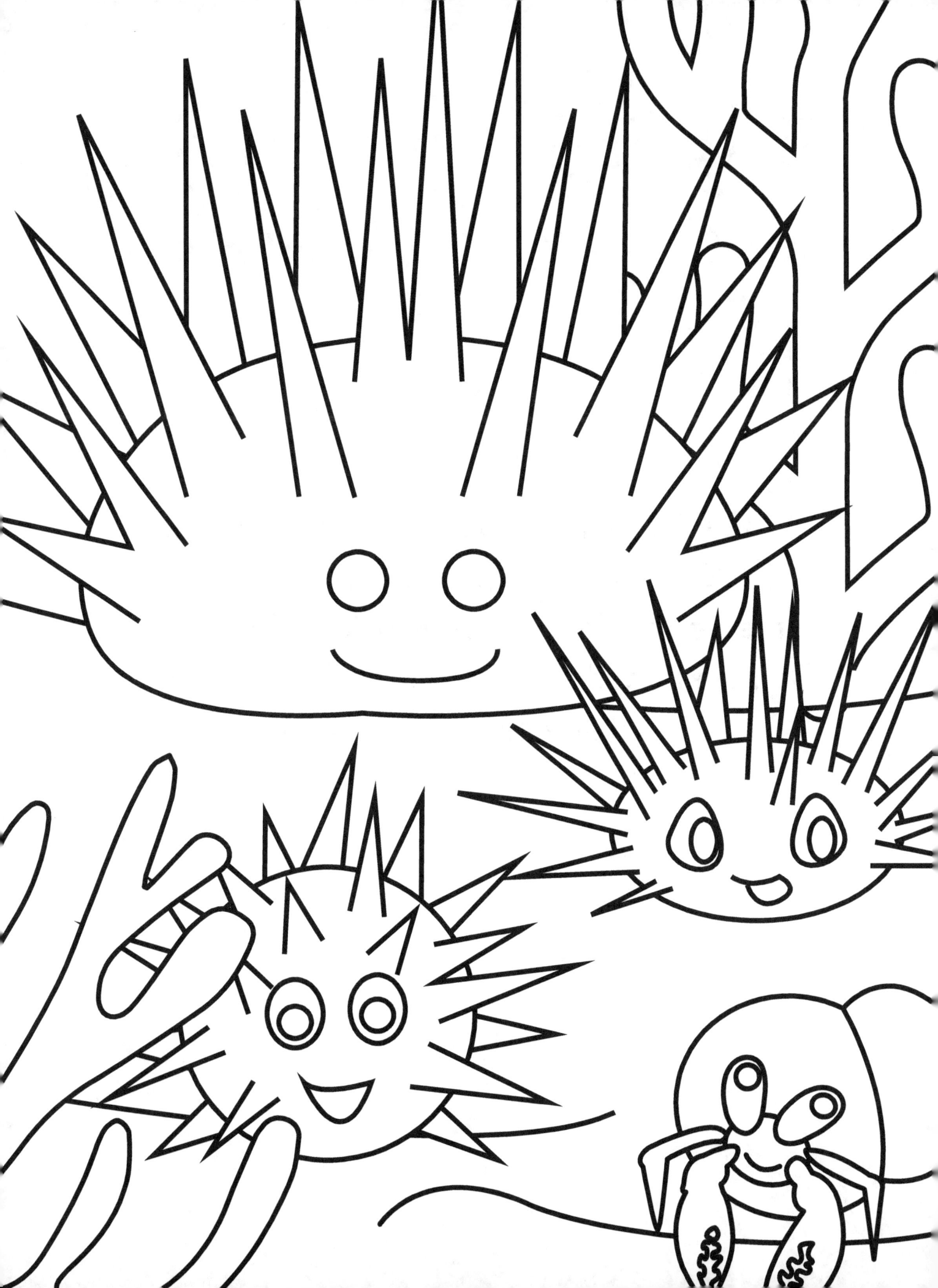

Quoi de mieux qu'une petite partie de
ballon entre amis pour s'amuser en fin de
journée et profiter du dernier jour de vacances…
Demain il faudra déjà rentrer… Alors profitons
d'être tous ensemble !!

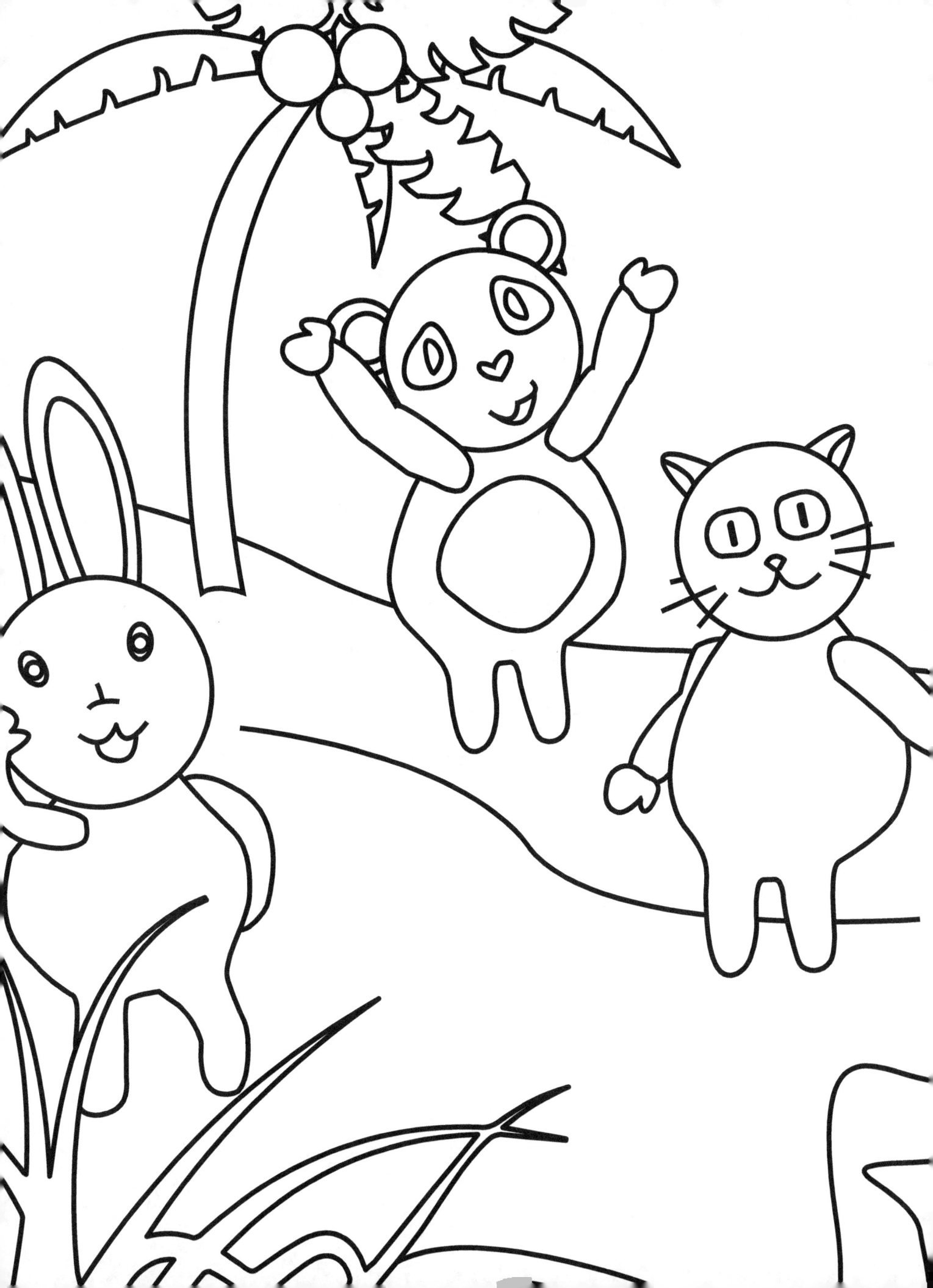

Epuisé par la partie de ballon, Lapinou
profite de ses derniers instants sur l'île magique
pour faire une petite sieste dans un hamac en
rêvant déjà à ses prochaines aventures
avec les doulous.
Qu'est-ce qu'on est bien au soleil !

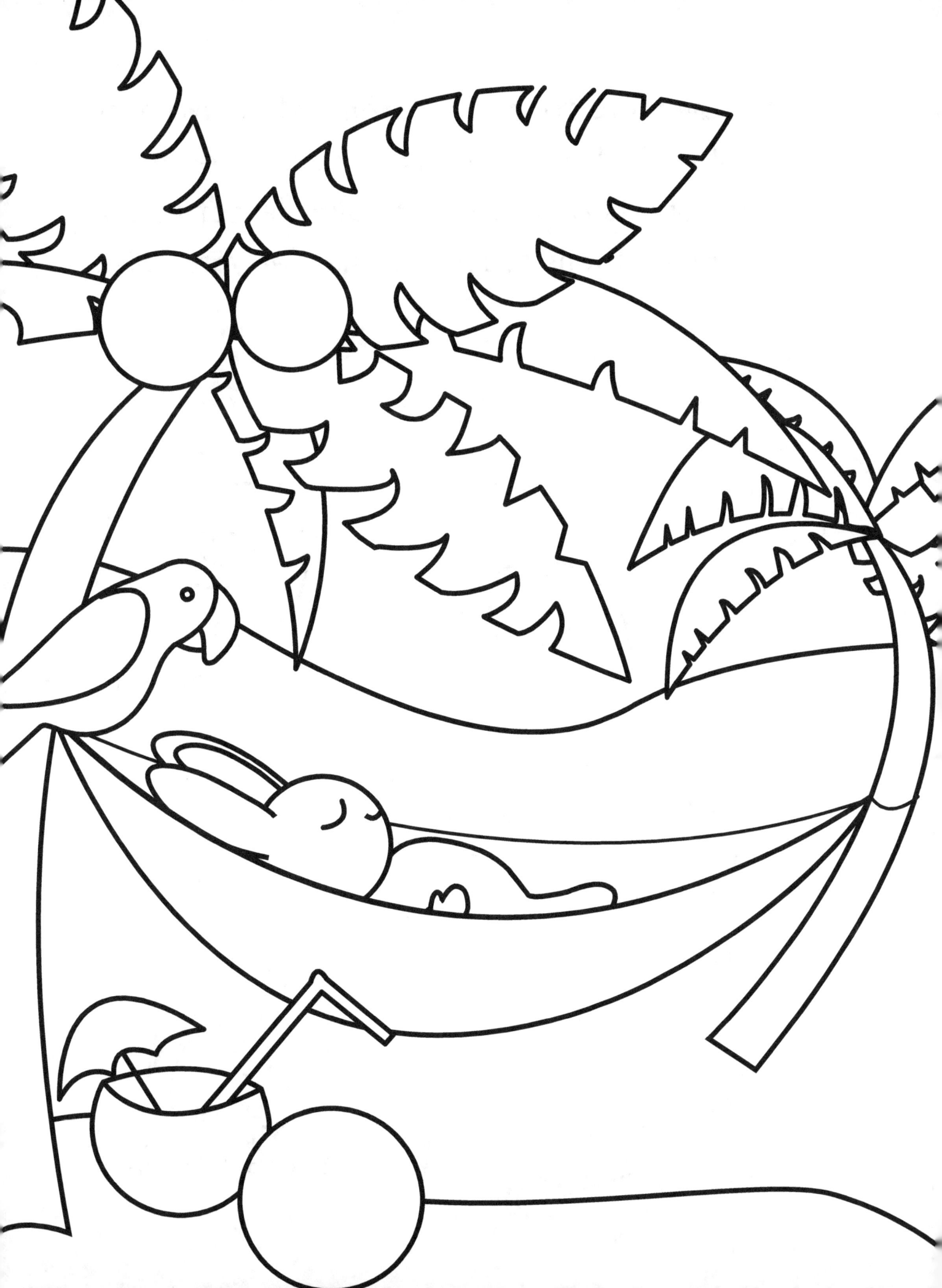

Voilà l'aventure touche à sa fin... Mais avant de partir, il faut être sûr que nous avons bien trouvé tous les objets pour pouvoir ouvrir le coffre aux trésors ! Vérifions ensemble une dernière fois :

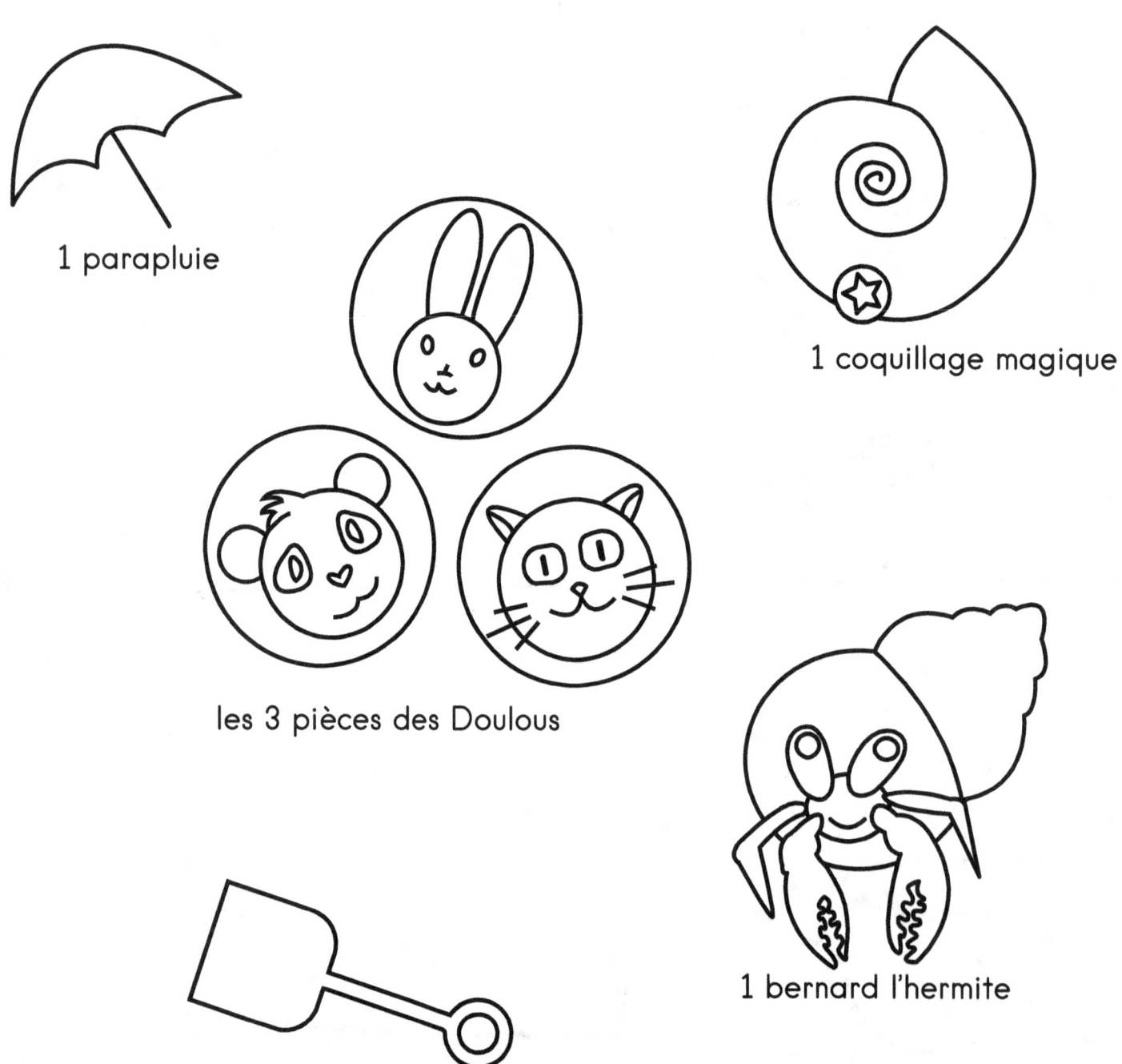

1 parapluie

1 coquillage magique

les 3 pièces des Doulous

1 bernard l'hermite

1 pelle

Un dernier défi et le grand trésor sera à toi !!
Relie les points et découvre le dernier indice qui mène au grand trésor !

Indice : Relie d'abord les chiffres ensemble (de 1 à 10)
puis les lettres (de A à J)

• C

★ 2   ★ 3

B •

★ 5   ★ 4   • D

A •   • E

★ 6   ★ 7

★ 9   ★ 8

J •   • F

I ★   ★ 10

• H

• I   • G

BRAVO !!!
La clef nous a permis d'ouvrir le
coffre magique !!
Au nom des doulous, je pense que tu as bien
mérité ta récompense, tous les jouets
sont pour toi !!

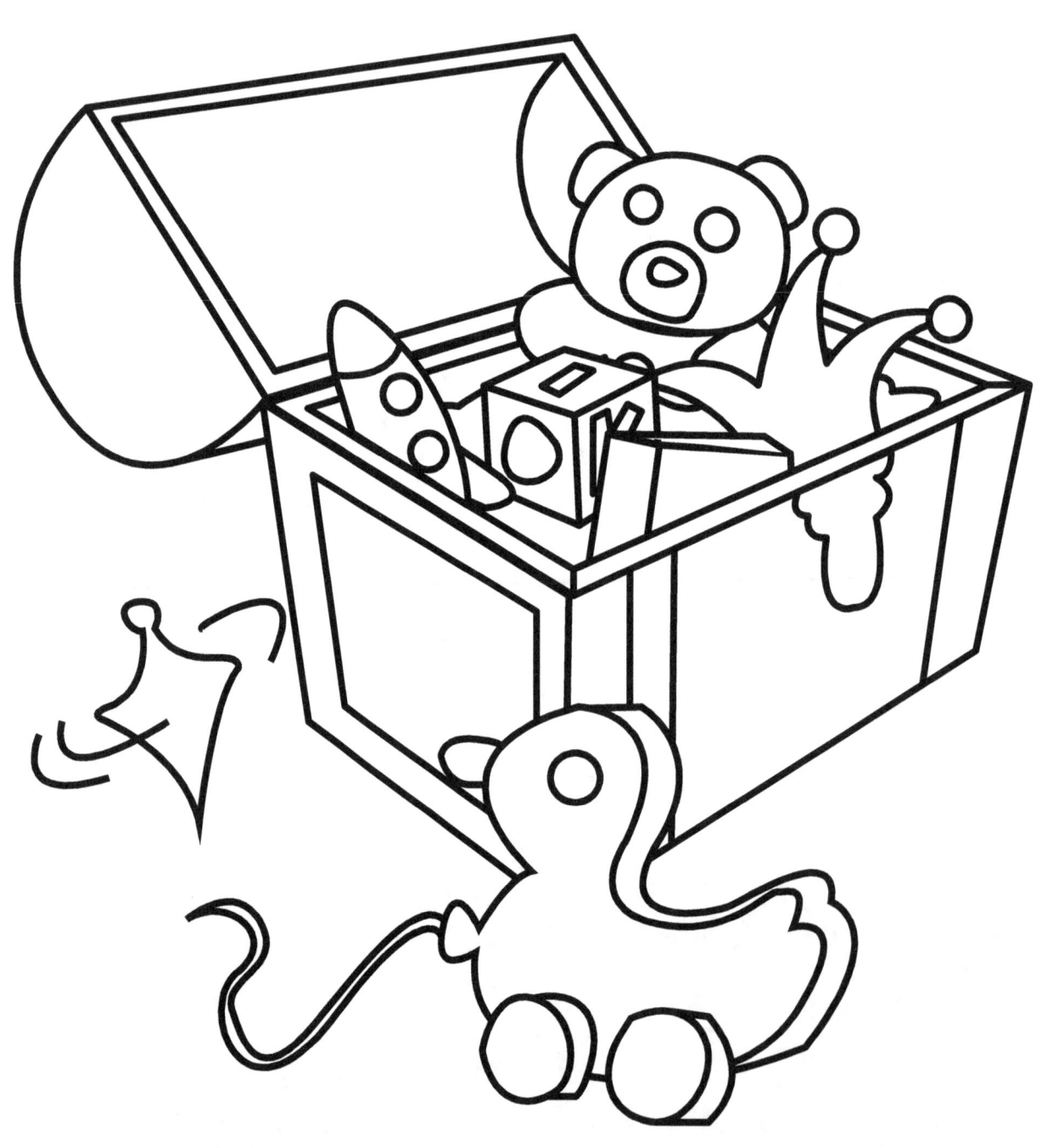

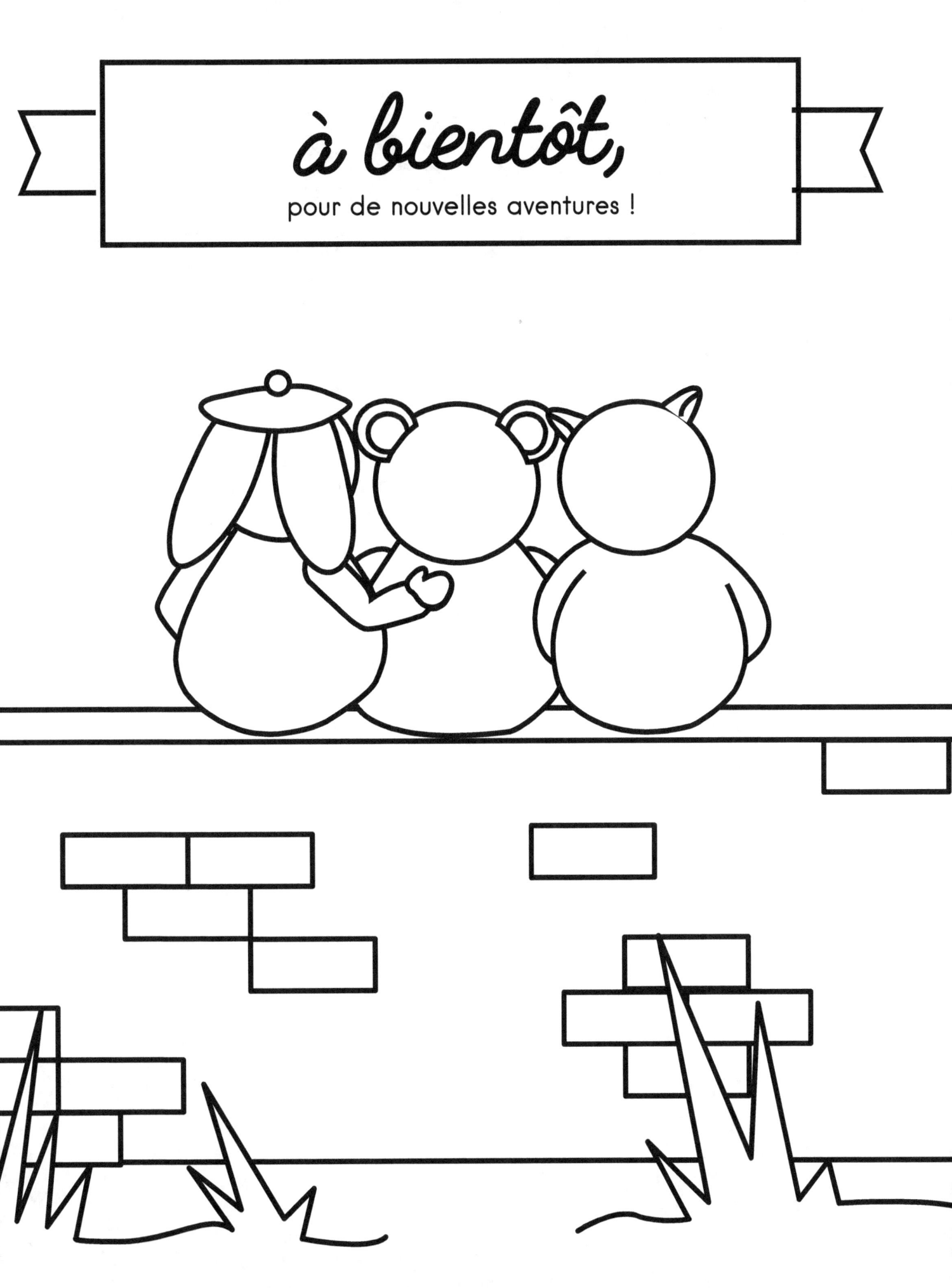

Dédicaces & Remerciements

Je dédicace ce livre à Raphael, mon neveu, qui a soufflé ses 3 bougies il y a quelques semaines.

Un grand merci à toutes les mamans qui nous ont aidé à créer ce livre, et plus particulièrement Myriam, Marine, Pauline mais aussi aux papas, Nicolas et Tim et à leurs enfants !

Merci enfin à vous, qui tenez ce livre de coloriage dans vos mains. Nous espérons de tout coeur que votre enfant et vous même avez apprécié notre travail. N'hésitez pas à nous rejoindre sur notre page Facebook Pegasuskids – Coloriage pour enfants, notre petite maison d'édition offre des livres pour tous les âges :)

Colorieusement,

Olivia & Baptiste